KB124862

교 과 서 에
나 오 지
않 는
착 한
생 각 들

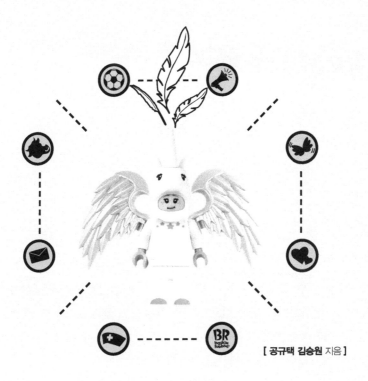

[공규택 김승원 지음]

---- 교과서에 나오지 않는 ----

착한 생각들

이야기로 만나는 착한 생각의 힘☆

우리학교

'착한 생각'이란 무엇인가?

"법(法) 없이도 살 사람이다." 이 말은 천성적으로 착한 심성을 타고나서 굳이 법으로 악한 행동을 규제하지 않아도 될 만큼 착한 행동이 몸에 배어 있는 사람을 일컬을 때 쓰는 말이다. 현대에 와서 세상이 험악해졌다고들 흔히 말하는데, 혹자는 이를 두고 '인심이 각박해졌다.'고 하고, 혹자는 '요즘 사람들은 싸가지가 없다.'고도 한다. 또 어떤 사람을 두고 '인두겁을 쓴 사람'이라고 손가락질을 하기도 하고, 어떤 이를 향해서는 '칼만 안 들었지 강도다.'라고 분노하기도 한다. '짐승보다 못한 놈'도 많은 세상이고, '천벌을 받을 놈'도 많은 세상에 우리는 살고 있다. 그런데 요즘 사람들이 하는 말을 들어 보면 각각의 표현만 다를 뿐이지, 다들 현대인의 '사람 됨됨이'에 문제가 있다는 인식은 똑같은 것 같다. 이런 상황에서 서두에서 언급한 것처럼 '법 없이도 산다는 것'은 언감생심(焉敢生心)이겠다.

교과서에 나오지 않는 착한 생각들

: 저자의 말

곰곰 생각해 보면 사실 이것은 현대 사회만의 문제는 아니다. 우리 역사를 통틀어 착한 사람들만 살았던 시대가 한 번이라도 있었던가 싶다. 세상은 늘 나쁜 사람들 때문에 도덕과 평화를 위협받았다. 그래서 사람들이 착해지기를 바라는 마음으로 우리 선조들은 늘 인성을 강조해 왔다. 단군 할아버지가 세상을 널리 이롭게 하라는 말로 '우리의 마음 씀씀이를 다른 사람을 향하라.'고 하신 바 있고, 세종대왕마저도 '삼강행실도'를 그려서 보급함으로써 백성들이 그림의 내용처럼 착하게 살기를 바랐었다. 현대에 이르러서는 위험에 처한 사람을 외면하거나 방치하는 세태에 대해서 강제로라도 사람을 구하게 하려는 취지의, 일명 '사마리아 법'까지 생겨났음은 주지의 사실이다. 이런 역사적 맥락을 짚어 보면 '인성'의 부재를 개탄하는 오늘날 세태가 그리 유난스럽다고 생각되지는 않는다.

　다만 21세기에 들어서서 인성 부재의 심각성을 인식하고 학교 현장에서 아이들에게 인성의 중요성을 강조하고, 인성 교육에 대한 활발한 논의를 시작한 것은 주목할 만하다. 스펙 경쟁에만 지나치게 몰두하는 현대 사회에 경종을 울리고, 우리 사회의 미래 경쟁력을 '인성'에서 찾고자 한 것도 바로 교육계이다. 학력과 지력에 기반을 둔 '스펙'보다는 오히려 심성과 도덕성에 근거한, 제대로 된 '인성'을 갖춘 사람이 미래 사회의 주역이 될 수 있다는 것이다. 바꿔 말해 머지않아 '착한 생각'이, '똑똑한 생각, 영악한 생각, 이기적인 생각'을 압도하는 시대가 올 것이다. 반성적 사고 없이 관성처럼 스펙만 열심히 쌓아 봤자 그것이 결국 우리 사회에 아무 쓸모가 없다는 것은 결코 허언이 아니다. 평생을 스펙 쌓기에 몰두한 청년들이 결국 백수로 내몰리는 요즘의 사회 현상에 대해 숙고해 보자. 다시 한 번 강조하거니와 이제는 '인성이 경쟁력'인 시대이다.

필자는 이 글에서 '인성'을 '착한 생각'이라는 말로 갈음해서 쓰고 있다. 즉 인성을 갖춘 사람은 착한 생각을 주로 하는 사람이고, 착한 생각을 가진 사람은 바람직한 인성을 갖추었다고 보는 것이다. 그렇다면 '착한 생각'이란 무엇일까? '착한 소비, 착한 가격, 착한 가게, 착한 음식, 착한 방송……' 등에서 쓰이는 '착하다'는 종래에 우리가 사람을 평가할 때 썼던 '착하다'는 의미와는 다른 뉘앙스를 가졌다. 현대 사회에서 '착하다'는 말은 '합리적이다. 남달리 돋보인다. 칭찬받아 마땅하다. 공감할 수 있다. 누가 봐도 좋다. 사람들에게 도움이 되고 이롭다……' 등의 의미를 함축한다. 필자가 이 책에서 밝힌 '착한 생각'의 범주는 일상적으로 새롭게 쓰기 시작한 '착하다'는 말의 다양한 쓰임새에 근거를 두고 추출하였다. 요컨대 '착한 생각'이라는 것은 ('나' 혼자가 아닌) '우리'로서 더불어 살고, ('나'만을 위한 삶이 아니라) '나'가 속한 '세계'가 지속 가능한 발전을 추구하는 데 실질적으로 도움이 되는 핵심적인 사고방식의 틀이다. 이러한 착한 생각은, 우리 사회를 건강하게 살찌우는 '고부가 가치'의 사고방식이라고 필자는 자부한다.

이 책은 널리 알려지지 않았지만 '착한 생각'을 가지고 살아간 다양한 사람들의 이야기를 담았다. 필자는 그 사람들의 삶

교과서에 나오지 않는 착한 생각들

: 저자의 말

속에서 착한 생각이 발현되는 시점을 포착하고, 그것이 어떤 동기에서 발현되었으며 어떤 바람직한 결과를 이끌어 내었는지 스토리텔링을 통해 구체적으로 보여 주려고 애썼다. 이 과정에서 박진감을 더하기 위해 팩트(fact)를 중심으로 이야기를 이끌어가되 팩트 사이의 빈 공간은 필자의 상상력으로 채워 이야기를 완성했음을 미리 밝힌다.

'착한 생각'은 그 자체가 위대한 것은 아니다. 어떻게 보면 소소하고 소박하게 시작하는 생각이지만 그 결과가 위대할 뿐이다. 따라서 '착한 생각'은 성인(聖人)이나 군자(君子)처럼 타고나는 것이라기보다는 생각하는 방식, 혹은 사고의 틀만 살짝 바꾸어도 가능한 것이다. 부디 이 책이 독자들이 세상을 바라보는 눈을 조금씩 바꾸어 가는 데 도움이 되었으면 좋겠다. 그래서 '나'보다 '남'을 먼저 생각하고, 눈앞의 '지금'보다 먼 '미래'를 보는 착한 혜안(慧眼)을 가지게 되기를 간절히 바란다.

2016년 새봄에
공규택·김승원

차례

'착한 생각'이란 무엇인가? … 4

|1부|

내가 가진 것을 나누고 남을 존중하겠다는 생각
나눔, 배려, 존중

자신의 모든 것을 나누어 준 전장의 어머니
 - 메리 시콜 … 15

나누는 것이 행복임을 깨달은 삶
 - 존 우드 … 26

노인을 위한 세상, 노인을 위한 디자인
 - 퍼트리샤 무어 … 37

| 2부 |

다른 대상과 소통하며 좋은 관계를 맺겠다는 생각
소통, 관계 지향성

23년간 한 번도 멈추지 않았던 대화
- 타게 엘란데르 ··· 49

동물에게도 사랑과 소통이 필요하다
- 템플 그랜딘 ··· 59

디지털 시대에 아날로그로 세상과 소통하다
- 프랭크 워런, 맷 애덤스 ··· 69

| 3부 |

다른 사람들과 함께 평화롭게 살아가겠다는 생각
공존, 평화, 협동

제발 일주일만이라도 전쟁을 멈춰 주세요
- 디디에 드로그바 ··· 83

과학이 무기를 만드는 데 이용돼서는 안 돼요
- 라이너스 폴링 ··· 92

축구를 통해 다 함께 잘 살 수 있는 방법을 생각하다
- 월프리드 ··· 105

|4부|

마땅히 지켜야 할 것은 반드시 지키겠다는 생각
약속, 효, 규칙 준수

아버지도, 스승도 결코 예외일 수 없다
- 임종국 ··· 119

오로지 어머니를 위해 만든, 오직 한 곡의 노래
- 엘비스 프레슬리 ··· 132

약속을 지키는 것이 바로 나의 신앙이다
- 존 워너메이커 ··· 145

|5부|

마음속 양심을 따라 정의를 실현하겠다는 생각
양심, 정직, 정의

조선의 독립을 위해 싸운 일본인
- 후세 다쓰지 ··· 157

내 양심은 답을 알고 있다, 그래서 양심대로 행동한다
- 존 로빈스 ··· 167

양심을 지키는 기업이 많아야 모두가 잘 살 수 있다
- 유일한 ··· 177

| 6부 |

이웃과 국가를 위해 앞장서고 책임을 다하겠다는 생각
책임, 리더십

인도에서 가장 사랑받는 재벌, 12억 인도의 리더
− 라탄 타타 … 189

우리 문화재를 지키는 것이 우리나라를 지키는 일
− 전형필 … 199

내가 심는 나무가 사막의 희망이 된다
− 인위쩐 … 212

| 7부 |

목표를 향해 끝없이 도전하며 포기하지 않겠다는 생각
도전, 인내

자연은 정복의 대상이 아닌, 교감의 대상이다
− 라인홀트 메스너 … 227

이제 달릴 수 없게 되었지만 아직 나에겐 두 팔이 남아 있다
− 아베베 비킬라 … 239

나는 단지 학교에서 공부를 하고 싶을 뿐입니다
− 말랄라 유사프자이 … 248

1부

내가 가진 것을 나누고
나를 조금 덜어내는 세가
당을 조금 덜어내는 세가

— 나도, 내려 조금

자신의 모든 것을 나누어 준 전장의 어머니

— 메리 시콜

백 년 만에 나타난 이름 없는 초상화

2005년 영국의 한 미술 전시장. 전시되어 있는 액자를 청소하기 위해 액자의 뒷면을 열었던 직원은 고개를 연신 갸웃거렸다. 미술 작품을 전시할 때에는 전시할 그림을 보호하기 위해 작품 뒤에 종이를 넣어 안감으로 사용하곤 했었는데, 다른 종이와는 달리 그 액자에서 나온 종이에는 그림이 그려져 있었던 것이다. 그것은 한 흑인 여인의 초상화였다.

"이 여인은 도대체 누구지? 가슴에 달려 있는 것은 훈장 같은데……. 그것도 영국, 프랑스, 터키의 훈장들이야. 이 여인은 누구지?"

15

한 번도 본 적이 없는 초상화에서 풍겨져 나오는 범상치 않은 기운을 느낀 직원은 이 그림 속 인물의 정체를 찾기 시작하였다. 그가 만약 이 그림을 이면지 같은 것으로 생각하고 휴지통에 버렸다면 그림 속 주인공은 역사의 그늘에 묻혀 버렸을지도 모르는 일이었다. 그림 속 주인공에 대한 소문은 영국 정부에까지 들어가게 되었다.

"이… 이럴 수가. 이 사람은 그, 그 사람이오."

"이 여인이 누구길래 그렇게 당황하시오?"

초상화 주인공의 정체를 알아낸 후 영국 정부는 곤란한 상황에 빠졌다. 그 여인은 150년 전에 영국 정부가 의도적으로 역사에서 지워 버린 인물이었기 때문이다.

"이 초상화는 공개할 수 없소! 이 초상화를 공개하는 것은 우리의 과오(過誤)를 전 세계에 인정하는 것이나 다름없단 말이오!"

"하지만 150년도 더 지난 옛날의 일입니다. 지금이라도 이 사람을 전 세계에 알리고 그 업적을 기리는 것이 지난날의 과오를 바로잡는 일이 아니겠습니까?"

착한 생각들—나눔, 배려, 존중

16

: 자신의 모든 것을 나누어 준
전장의 어머니

그림 속의 주인공이 밝혀지기 전까지 수많은 논의가 오 갔고, 다행히 진실을 밝혀야 한다는 주장이 설득력을 얻으면 서 마침내 이 위대한 인물의 행적이 전 세계에 알려지게 되었 다. 역사 속에서 인정받지 못한 채 사라진, 작지만 위대했던 인 물에 대해 사람들은 점점 관심을 갖기 시작하였다. 그리고 곧 그녀의 이야기는 온 세상으로 퍼져 나갔다. 그 주인공은 바 로 '검은 나이팅게일'이라 불리는 메리 시콜(Mary Jane Seacole, 1805~1881)이었다.

자신의 모든 것을 나누어 준 전장의 어머니

백의의 천사로 잘 알려진 나이팅게일은 1853년 10월부터 1856년 2월까지 러시아 제국과 오스만 제국이 흑해에 위치한 크림 반도에서 벌인 '크림 전쟁' 때문에 유명해졌다. 크림 전쟁 은 팔레스타인 지역을 둘러싼 러시아 정교회와 로마 가톨릭 사 이의 종교 분쟁인 동시에, 유럽의 열강들이 중동의 이권을 둘 러싸고 다툰 국제 전쟁이다. 러시아 제국에 맞서기 위해 영국 과 프랑스 등이 오스만 제국과 연합을 이루어 참전하였고, 이 크림 전쟁에서 전장을 누비며 활동한 것으로 유명한 사람이 바 로 나이팅게일이었다.

하지만 이 나이팅게일의 그늘에 가려 알려지지 않은 '전장 의 어머니'가 있었으니 그녀가 바로 초상화의 주인공인 메리 시콜이다. 메리 시콜은 당시 영국의 식민지였던 자메이카에서 태어났다. 그녀의 아버지는 스코틀랜드인이고 어머니는 자메이카의 현지인이었기 때문에 메리 시콜은 물라토(라틴 아메리카의 백인과 흑인의 혼혈 인종)였다.

그녀의 어머니는 의사는 아니었지만 약초나 약품을 다루는 법, 각종 증세에 대한 대처법 등 민간 의학에 관한 지식이 많았기 때문에 마을 사람들이 걸린 대부분의 질병을 관리하였다. 메리 시콜은 그러한 어머니의 영향을 받아 의학 지식이 풍부했고, 실력 또한 뛰어나 마을 사람들은 병원과 의사보다도 그녀를 더욱 의지할 정도였다. 그녀의 지식과 실력을 확인한 병원에서는 그녀에게 정식 간호사로 함께 일할 것을 요청하였다.

그녀가 병원에서 근무하던 어느 날, 병원 원장이 그녀에게 신문을 보여 주며 말했다.

"이것 좀 보세요. 정말 큰일이네요."

"무슨 일인데요?"

"유럽에서 지금 전쟁 중인가 봐요. 전장에서 부상병들을 돌볼 간호사를 대대적으로 모집하고 있네요."

신문을 받아 든 그녀는 깜짝 놀랐다. 흑해 연안의 크림 반도에서 전쟁이 발발하여 수많은 젊은이들이 전장에서 죽거나 부상을 당하는데 의료 시설과 간호 인력이 부족해서 희생이 더욱 커지고 있다는 안타까운 소식이었다. 특히 아버지의 나라인 영국도 전쟁에 참여한 사실에 그녀의 안타까움은 더욱 커졌다.

"안 되겠어요. 저라도 가서 부상당한 젊은이들을 도와야겠

: 자신의 모든 것을 나누어 준
전장의 어머니

어요. 제가 분명 도움이 될 수 있을 거예요. 원장님, 죄송하지만 당분간 병원을 떠나야 할 것 같아요."

"메리, 당신의 뜻은 잘 알겠어요. 하지만 당신은 식민지 사람이고 게다가 흑인이에요. 당신이 아무리 좋은 의도를 갖고 있다고 해도, 다른 인종을 무시하는 도도한 유럽 사람들이 순순히 당신을 받아들이지 않을 거예요. 당신이 상처받을까 걱정이 되는군요."

"하지만 사람의 생명이 걸린 일이에요. 생명을 구한다는 대의로 하나가 될 수 있을 것이라고 저는 확신해요."

그녀의 나이 48세에 크림 전쟁이 발발하였고, 그녀는 자신의 의학 지식과 임상 사례, 그리고 병원을 운영한 경험이 전장에서 분명 요긴하게 쓰일 것이라 확신하고 과감하게 영국으로 건너가 간호단에 자원하였다. 하지만 영국의 간호단에서는 빈자리가 없다는 이유로 그녀를 받아들이지 않았는데, 사실은 그녀가 식민지 사람이었고 흑인이란 이유로 입단을 거부한 것이었다. 전쟁 지역에서는 의료를 지원할 일손이 턱없이 부족할 때였는데도 그녀의 입단은 받아들여지지 않았다.

계속해서 입단을 거부당한 메리 시콜은 그 당시 전장을 누비며 명성을 떨치고 있던 나이팅게일의 간호단을 향해 마지막 희망을 품고 떠났다. 하지만 그녀는 결국 같은 이유로 간호단의 일원이 되는 것을 거부당하고 말았다.

"유럽 사람들의 편견은 생각보다 심하구나. 하지만 이 시간에도 여전히 전쟁터에서는 사람들이 죽어 가고 있고 일손은 턱

없이 부족할 텐데. 나는 어찌해야 할까?”

출신과 인종 때문에 번번이 차별을 받으면서도 메리 시콜은 좌절하지 않았다. 오히려 지금 이 시간에도 의료를 지원받지 못해 죽어 가고 있을 군인들 생각에 발을 동동 구를 뿐이었다. 고민 끝에 그녀는 본국에 편지를 보냈다.

‘원장님, 저 메리예요. 원장님의 걱정대로 간호단에 입단하는 일은 쉽지 않았어요. 그래서 부탁드릴 것이 있어요. 고향에 있는 제 재산을 처분한 뒤 그 돈을 저에게 좀 보내 주세요.’

얼마 후 본국에서 편지가 도착하였다.

‘메리, 당신의 부탁대로 재산을 처분한 돈을 보내요. 하지만 많지도 않은 재산을 이렇게 다 써 버리고 나면 전쟁 후 당신의 형편이 어려울까 봐 걱정이 되는군요.’

하지만 메리 시콜은 전혀 걱정하지 않았다. 그녀는 망설임 없이 자신의 전 재산을 처분하였고 또 그것으로도 부족하여 빚을 내어 어느 정도 자금을 마련한 후 홀로 크림 반도로 향했다. 그 어디에서도 자신을 받아들이지 않는다면 혼자 행동할 수밖에 없다고 판단한 것이었다. 대부분의 의료 시설이 전장과 거리가 먼 후방에 위치해 있었지만 그녀는 심각한 부상자가 속출하고 있는 최전방으로 발걸음을 향했다.

그녀는 흑인이라는 수모와 전쟁의 위험을 이겨 내며 수천 킬로미터 떨어진 전방에 도착하였다. 그녀의 예상대로 최전방에서 전투를 수행하고 있는 군인들은 제대로 된 의료 지원을 받지 못하였고 가벼운 부상에도 감염과 전염병으로 목숨을 잃

하얀 색깔들 — 나눔, 배려, 존중

20

: 자신의 모든 것을 나누어 준
전장의 어머니

고 있었다. 전장의 참담함에 그녀는 눈물을 흘렸다.

그녀는 전 재산을 처분한 돈으로 전방 지역에 의료소를 차렸고 국적은 물론이고 적군과 아군을 가리지 않고 최선을 다해 부상자들을 치료했다. 하지만 끊임없이 발생하는 부상자 모두에게 제공하기엔 의약품과 간호 인력이 턱없이 부족했다. 그녀는 수많은 죽음을 그저 바라볼 수밖에 없었다.

"저… 저 좀 살려 주세요. 허리 밑으로 감각이 없어요. 저는 이제 죽는 건가요?"

한 막사에서 고통에 신음하며 죽어 가고 있는 병사의 말에 메리 시콜은 눈물만 흘릴 뿐 도와줄 수 있는 방법이 없었다.

"괜찮아요. 괜찮아요. 이제 곧 편안해질 거예요. 제가 당신을 위해 기도해 드릴게요."

그녀는 부상자의 손을 꼭 잡아 주었다. 그리고 그 손을 토닥이며 마지막 가는 길을 위로해 주었다.

"다… 당신의 손은 꼭 제 어머니 손 같아요. 거칠지만 부드러운 그 손요……. 당신의 손을 잡으니 이상하게 마음이 편안해지는군요. 감사합니다, 어머니……."

그녀는 부상으로 죽어 가는 많은 병사들의 마지막을 곁에서 지켜 주었다. 덕분에 병사들은 어머니의 손처럼 따뜻한 손을 잡고 생을 마감할 수 있었다. 죽음의 고통과 공포가 퍼져 있는 전장에서 그녀의 간호는 많은 병사들을 감동시켰고, 병사들은 그녀를 '전장의 어머니'라 부르며 그녀의 헌신을 진심으로 존경하였다.

전쟁이 끝나고 영국 정부는 선택의 기로에 놓이게 되었다. 전쟁에서 활약한 '나이팅게일'과 '메리 시콜'이란 두 명의 이름이 그들 앞에 있었다. 하지만 식민지 여성의 활약을 대외적으로 공개할 수는 없다고 판단한 영국 정부는 후방에서 간호를 지원하고 의료 체계를 설립해 유명해진 나이팅게일이 더욱 많은 관심을 받도록 유도하였다. 결국 나이팅게일은 '백의의 천사'로 불리며 큰 명성을 얻었고, 그 명성을 바탕으로 근대적 간호 체계를 설립할 수 있는 기틀을 마련하는 등 역사적으로 유명한 인물이 되었다. 반면 전방에서 헌신적으로 노력한 메리 시콜의 이야기는 역사 속에서 잊힐 수밖에 없었다.

"이건 말도 안 됩니다! 메리 아주머니는 전쟁의 공포 속에서 위안을 주는 한줄기 빛이었습니다. 메리 아주머니야말로 진정한 백의의 천사입니다. 단지 식민지의 흑인이라고 해서 이렇

하얀 사람들—나효, 밸려, 흑주

22

: 자신의 모든 것을 나누어 준
전장의 어머니

게 차별을 받아선 안 됩니다! 저희가 정부에 항의하겠습니다."

전쟁 후에 나이팅게일을 대대적으로 홍보하고 메리 시콜은 외면하는 영국 정부의 방침에 그녀에게 간호를 받은 수많은 병사들은 분개하였다.

"그러지들 말아요. 나는 괜찮아요. 내가 여러분을 찾아간 건 유명해지기 위해서도, 상을 받기 위해서도 아니에요. 단지 아픈 사람들이 그곳에 있었기 때문이에요."

"하지만 당신은 누구보다 위대한 간호사였고 우리에게는 어머니였습니다. 그런 당신에게 아무런 보상도 없다는 것은 말도 안 됩니다."

그녀의 보살핌을 받은 병사들은 전쟁 후에도 그녀를 찾아 감사를 표시했고, 그녀의 행적을 알리기 위해 끊임없이 노력하였다. 그들은 한 잡지사에 그녀의 행적을 게재할 것을 의뢰하였고, 그녀의 헌신을 높이 산 잡지사는 병사들과 함께 메리 시콜을 알리는 운동을 시작하였다. 큰 파문을 일으키지는 못했지만 그녀의 이야기는 많은 사람들을 감동시켰고 결국 그녀는 영국과 프랑스, 터키의 정부로부터 각각 공로 훈장을 받을 수 있었다.

하지만 그녀에게 주어진 보상과 영예는 그게 전부였다. 그녀는 남은 생을 여전히 병마와 싸우는 사람들과 함께하다가 쓸쓸히 생을 마감하였다. 생을 마감하기 전 어느 날 그녀는 곱게 차려입고 가슴에는 세 개의 훈장을 달고 캔버스 앞에 앉았다. 그녀의 초상화를 그린 사람은 앨버트 찰스 챌런이라는 화가였다. 그는 초상화를 그리며 훈장에 대해 물어보았다.

"가슴에 그 훈장들은 무엇인가요?"

"영국, 프랑스, 터키 정부에서 수여한 훈장이에요. 크림 전쟁이 일어났을 때 내가 전장에서 젊은이들을 돕느라 애썼다며 준 선물이라고나 할까요?"

화가는 깜짝 놀라며 물었다.

"당신이 크림 전쟁에서 병사들을 간호했었다고요? 그렇다면 그 유명한 나이팅게일도 만나 보셨겠군요?"

"귀족 출신의 백인 여자를 나 같은 식민지의 흑인이 쉽게 만날 수는 없는 일이었어요. 나와는 다른 곳에서 일을 했으니 거리가 멀리 떨어져 있기도 했고……."

"그렇군요. 한데 궁금한 게 있습니다. 당신은 훈장을 세 개나 받았는데 왜 아무도 알지 못하는 것이죠?"

화가의 물음에 그녀는 웃음 지을 뿐이었다. 그 웃음이 담긴 초상화마저 100여 년간 실종되었다가 2005년 우연히 한 미술관에서 발견되었다. 식민지의 현지인이고 흑인이란 이유로 무시되었던 그녀의 헌신은 100년이 지난 후에야 많은 사람들에게 인정받게 되었다. '검은 나이팅게일'이라 불리게 된 그녀의 초상화는 현재 영국 국립 초상화 미술관에 소중하게 보관되어 있다.

하는 생각들—나눔, 배려, 존중

: 자신의 모든 것을 나누어 준
전장의 어머니

※ 위기의 상황에서 등장하여 위험에 빠진 사람을 구해 주는 이를 '슈퍼 히어로'라고 한다. '당신도 누군가의 슈퍼 히어로가 될 수 있다.'는 문구가 적힌 다음 광고를 보고 메리 시콜을 슈퍼 히어로라 부를 수 있을지 자신의 의견을 이야기해 보자. 만약 부를 수 있다면 어떤 면에서 슈퍼 히어로와 닮았는지 이야기해 보자.

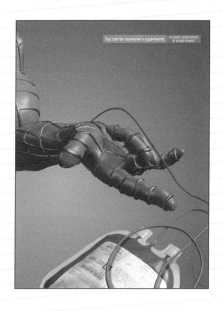

나누는 것이 행복있을 깨달은 삶

— 존 우드

처음 접해 본 충격적인 세상의 진실

똑똑똑!

요란하게 울리는 노크 소리에 존 우드(John Wood, 1964~)는 정신이 번쩍 들었다. 그의 비서가 문을 벌컥 열고 들어오며 소리쳤다.

"이사님, 비행기 출발 시간이 다 되었습니다. 이제는 정말 떠나셔야 해요."

"그래, 알고 있어. 하지만 이 계약 건은 정말 중요한 일이라고! 시간이 너무 촉박하군."

"힐링과 휴식을 위해 떠나려는 여행이 도리어 스트레스를 주는군요. 남은 일은 부하 직원에게 맡기고 어서 그 의자에서 일어나세요."

급하게 서류를 검토하던 존 우드는 할 수 없다는 듯 한숨을 쉬며 몸을 일으켰다. 얼마나 서류들에 집중하고 있었는지 허리가 안 펴질 정도였다.

"아이고 허리야! 이제 거의 다 되었으니 슬슬 떠나 볼까?"

1998년, 마이크로소프트사의 아시아 지역 마케팅 담당으로 일하고 있는 중역, 존 우드는 매일 거듭되는 과로에 시달리다 휴가를 신청하였다. 그는 초고속 승진으로 마이크로소프트사의 중국 지사에 책임 이사로 발령받은 후 단 하루도 편히 쉬어 본 적이 없을 정도로 과로에 시달리고 있었다. 다른 사람들이 보기엔 대기업의 촉망받는 30대 중역에다가 엄청나게 많은 연봉을 받고 있는 성공한 사람이었지만, 정작 존 우드 본인은 자신의 삶이 과연 행복한 삶인지 느끼지 못하고 있었다.

그렇기에 존은 휴식과 재충전을 위해 네팔의 히말라야로 배낭여행을 계획하고 비행기에 올랐다. 그는 어렸을 때부터 항상 책을 지니고 다녔기에 몇 권의 책을 읽으며 비행시간을 보냈다.

네팔에 도착한 존은 히말라야 등반을 하며 휴가의 대부분을 보냈다. 인간 세상의 흔적이 보이지 않는 대자연의 품 안에서 충분한 휴식을 즐겼다.

그러다 그는 여행의 일정 중에 바훈단다에 있는 학교를 방문하는 내용이 포함되어 있는 것을 보고 안내원에게 물었다.

"오늘 일정 중에 학교 방문이 포함돼 있던데 그곳은 어떤 곳인가요?"

"하하, 그곳은 네팔에서 가장 작지만 가장 아름다운 학교이기도 합니다. 하지만 가는 길이 쉽지는 않을 겁니다. 아이들이 다니는 학교라고는 해도 높은 곳에 위치해 있어서 등반하는 것 못지않은 길이니까요."

네팔에 와서 학교를 방문하다니 존은 뜻밖의 일정에 가슴이 뛰었다. 교실, 운동장, 도서관을 쏘다녔던 자신의 어린 시절을 회상하며 오지에 있는 학교의 모습을 상상하였다.

과연 학교는 만만치 않은 곳에 위치해 있었다. 산의 중턱을 숨을 헐떡이며 안내원의 뒤를 따르던 존은 갑자기 들려오는 아이들의 소리에 발걸음을 멈췄다. 고개를 들어 보니 자신을 향해 뛰어오는 아이들이 환호성을 지르고 있었고 그 뒤를 나이가 지긋한 어른이 따르고 있었다.

"저분이 바로 이 학교의 교장 선생님입니다."

안내원의 말을 듣고 존은 반갑게 손을 내밀었다. 교장도 역시 반갑게 손을 맞잡고 인사를 나누었다.

존은 교장과 함께 학교를 거닐며 많은 이야기를 나누었다. 학교는 규모도 작았지만 시설은 더욱 형편이 없어 보였다. 하지만 아이들의 눈은 맑고 총명해 보였다. 낭랑한 목소리로 책을 읽는 아이들의 모습에 존은 웃음을 지었다. 그러다 문득 한 생각이 그의 머릿속을 스쳐 갔다.

"생각해 보니 이 학교에는 도서관이 보이질 않습니다. 교장 선생님, 네팔의 학교에는 도서관이 없나요?"

: 나누는 것이 행복임을
  깨달은 삶

"하하, 도서관이 없긴요. 조금 전에 지나온 곳이 바로 도서관입니다."

"네? 어디가 도서관인가요? 저는 책들을 전혀 보지 못한 것 같은데……."

"바로 저곳입니다."

교장이 가리키는 곳을 바라본 존은 놀랄 수밖에 없었다. 교장이 도서관이라며 가리킨 곳에는 기껏해야 서너 권의 책밖에 없었고 그나마도 아이들이 함부로 가져가지 못하도록 자물쇠를 채워 놨던 것이다. 아이들은 책을 펼쳐 보지도 못하고 구경만 하고 있었다.

"이… 이게 도서관이라고?"

어렸을 때부터 수많은 책에 둘러싸여 자란 존은 충격을 받을 수밖에 없었다. 세상의 모든 어린아이들은 책을 읽으면 자란다고 생각했던 자신의 믿음이 처음 맞닥뜨린 냉혹한 현실 앞에 무너져 내린 것이다.

"놀랍죠? 이게 바로 이곳의 현실입니다. 그리고 이곳뿐만 아니라 네팔에 있는 대부분 학교의 도서관에는 책이 많지 않답니다. 읽고 싶어도 책이 없어서 아이들은 독서를 하지 못하죠. 그래서 한 가지 부탁을 좀 드렸으면 합니다."

"부탁이오?"

"무리한 부탁은 아닙니다. 당신이 다음에 또 네팔을 방문할 기회가 있거든 갖고 계신 책들 중 몇 권을 기증해 주시길 부탁드리겠습니다. 그 정도만으로도 우리 아이들에게는 큰 도움이 될 것입니다."

인생의 갈림길에 서다

　네팔에서 돌아온 존은 또다시 산더미처럼 쌓인 일의 홍수 속에서 살아가게 되었다. 자리를 비운 사이에 일은 더욱 많아져 있었다. 한밤중까지 야근을 해야 하는 날이면 존은 창가에 서서 네팔에 다녀왔던 기억을 떠올리곤 하였다. 광활한 자연과 웅장한 산의 모습, 때 묻지 않은 사람들의 순박한 삶의 모습, 그리고 텅 빈 도서관의 모습을 떠올렸다.

　다시 자리에 앉아 업무를 보기 위해 키보드에 손을 올리던 존은 갑자기 그날의 약속이 떠올랐다. 네팔에 다시 방문하게 된다면 몇 권의 책을 기증하기로 한 교장과의 약속을 떠올리며 존은 자신의 이메일 주소록에 있는 모든 사람들에게 메일을 보냈다.

　'저는 존 우드입니다. 소장하고 있는 아동용 도서들을 저에게 보내 주세요. 아동용 책이 아니더라도 잘 보지 않는 책은 저에게 보내 주세요. 받은 책들은 기증할 계획입니다. 부탁드립니다.'

　뜻밖에도 이메일을 받은 수많은 사람들이 기대 이상의 많은 책들을 보내 주었고 두 달 만에 3천 권이 넘는 책이 도착하였다. 존 우드는 자신이 기증할 책과 받은 책들을 종류별로 나누

작은 생각들—나눔, 배려, 존중

: 나누는 것이 행복임을
　　　깨달은 삶

어 잘 보관해 두었다. 언제가 될지 모르지만 약속을 지키기 위해서였다.

"자기 요즘 이상해. 툭하면 이상한 공상에 빠지고. 게다가 그 우습지도 않은 약속을 지키기 위해 다시 네팔로 떠나겠다고? 네팔에 다녀온 지 1년밖에 지나지 않았는데 그곳에 꼭 가야 하는 이유가 뭐야? 여자 친구인 내가 이렇게 말리는데도 꼭 가야 하는 거야?"

"나도 처음엔 그럴 생각은 아니었는데 나에게 보내온 책들이 이렇게나 많이 쌓여 있으니 이것만 전달하고 올 생각이야. 책만 전달해 주고 빨리 돌아올게. 오래 걸리진 않을 거야. 조금만 기다리고 있어. 알았지?"

"책만 전달하는 것이라면서 왜 우편으로 보내지 않고 직접 가는 거야?"

존은 그녀의 물음에 답하지 않고 뒤돌아섰다. 네팔에 다녀온 1년 뒤 존은 결국 다시 네팔로 향하는 비행기에 올랐다. 존은 네팔에 다녀온 후 자꾸 그곳이 생각나는 이유가 그 약속 때문이라고 생각하였고, 그 약속을 어느 정도는 지켜야만 다시는 생각이 나지 않을 것 같았다. 하지만 여자 친구의 말처럼 우편으로 보내도 될 것을 직접 가는 이유는 자신도 알 수가 없었다. 하지만 네팔에 도착한 존은 곧 그 이유를 깨달을 수 있었다.

"오! 정말 감사합니다. 당신은 하느님이 보내신 천사임에 분명합니다."

"아저씨는 산타클로스인가요? 우리에게 이렇게 많은 책을 보내 주시다니 정말 감사해요."

책을 받고 기뻐하는 아이들의 모습을 보고 존은 감격하지 않을 수 없었다. 책을 읽고 싶지만 책이 없어 읽을 수 없는 어린 아이들이 있다는 사실에 그는 너무도 큰 충격을 받았었고, 또 지금은 책을 받고 기뻐하는 아이들의 얼굴을 보며 전에 없던 행복감을 느끼는 자신을 발견할 수 있었다.

'내가 갖고 있는 것을 그저 나누어 주었을 뿐인데 이들은 왜 이렇게 행복해하는 거지? 또 그런 사람들을 보면서 나는 또 왜 이렇게 행복한 것이지?'

미국으로 돌아온 존은 생전 경험해 보지 못했던 고민에 휩싸였다. 성공만을 위해 달려온 자신의 인생을 송두리째 바꿔 놓을 고민이었다. 그는 어느 순간에나 자신의 멘토가 되어 주던 아버지를 찾아갔다.

"아버지, 저는 지금 제 자신이 왜 이런지 모르겠어요. 저는 황당하게도 모든 사람이 부러워하는 자리를 박차고 다른 일을 하려고 해요. 저는 자선 단체를 만들고 싶어요. 책을 모아서, 책이 없어 읽을 수 없는 아이들에게 전달하고 싶어요. 아이들의 그 미소가 다시 보고 싶어서 미칠 지경이에요."

"아들아, 너는 진정 회사에서 제공하는 고급 주택과 고급 차, 그리고 무엇이라도 이룰 수 있는 돈과 지위를 다 포기하고 싶다는 것이냐?"

"저는 그동안 돈과 지위를 추구하며 살았지만 정작 그것을 얻었을 때에도 행복하다고 느껴 본 적이 없어요. 하지만 제가

행복한 삶―나눔, 배려, 존중

: 나누는 것이 행복임을
깨닫는 삶

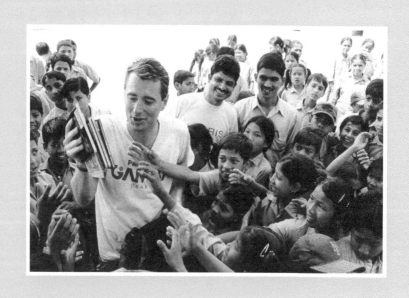

"제가 모은 책을 아이들에게 전달하고, 애들의 미소를 보았을 때
저는 느꼈어요.
전에는 경험한 적이 없었던 행복감들요."

모은 책을 아이들에게 전달하고, 아이들의 미소를 보았을 때 저는 느꼈어요. 전에는 경험한 적이 없었던 행복감을요."

아버지는 잠시 말이 없었다. 그리고 존의 어깨에 손을 올리며 말했다.

"얘야, 네 인생의 주인은 나도 네 엄마도 아닌 바로 너 자신이란다. 고민의 상황에서 가장 최악의 선택이 어떤 것일까? 그건 바로 아무것도 하지 않는 것이란다. 아마도 너는 지금 누군가를 위한 일을 하기보다는 너 자신을 위해 일할 시간이 된 것 같구나. 이 아비의 도움이 필요하다면 언제든지 도와주마."

최악의 선택은 아무것도 하지 않는 것이다

아버지의 말에 용기를 얻은 존은 자신이 갖고 있던 모든 것을 버리기로 결정하였다. 모든 것을 내려놓은 그는 네팔 및 제3세계 국가에서 교육의 사각지대에 방치되어 있는 아이들을 위한 자선 사업을 시작하였다. '룸 투 리드(Room to Read)'라고 이름 붙인 비영리 단체를 조직한 존은 조직의 CEO가 되어, 마이크로소프트사에서 일했던 인맥과 경험을 바탕으로 조직을 성공적으로 키워 나갈 수 있었다. 새로운 직원의 채용, 기부자에게 보람을 느낄 수 있게 해 주는 방법, 사람들의 이목을 끌 수 있는 자선 행사의 개최 등 그가 행한 사업은 모두 크게 성공하였다. 특히 그는 감동적인 연설을 통해 사람들의 마음을 흔들

하얀 새끼들—나눔, 배려, 존중

: 나누는 것이 행복임을
깨달은 삶

었다. 한 자선 행사의 연설에서 그는 이렇게 말했다.

"저는 소위 잘나가는 사업가였고 출세 가도를 달리고 있었습니다. 하지만 그런 저에게 뜻하지 않은 선택의 순간이 다가왔습니다. 지금 생각해 보면 그때는 몰랐지만 그 선택은 저의 운명에 대한 선택이었습니다. 고민에 고민을 거듭할 때 저를 움직인 건 단 한마디의 말이었습니다. 바로 '최악의 선택은 아무것도 하지 않는 것이다. 말을 멈추고 생각을 멈추고 행동하라.'라는 말입니다. 그리고 부와 성공을 버린 저의 선택으로 세상에는 책을 읽지 못하는 아이들을 위해 1만 6천 개의 도서관이 지어졌고, 그 도서관에는 1,500만 권의 책들이 채워졌습니다. 다른 사람들은 부를 버리고 힘든 길을 택한 저를 비웃습니다. 하지만 저는 깨달았습니다. 행복이란 남의 눈에 비춰지는 것이 아닌 제 마음속에 있었다는 것을요. 여러분! 세상에는 자기의 것을 많은 사람들과 나눔으로써 즐거워지는 행복도 존재합니다. 그리고 그 행복은 다른 어떤 행복감보다도 더욱 행복하다는 것을 자신 있게 말하고 싶습니다."

연설을 마친 그는 우레와 같은 박수를 받았다. 그의 노력으로 세상의 오지에는 지금도 많은 도서관들이 지어져 아이들에게 행복한 미소를 되찾아 주고 있다.

※ 다음은 나눔과 배려의 자세를 강조하는 공익 광고이다. 자신이 생각하는 문구를 빈칸에 넣어 공익 광고를 완성하여 보자. 그리고 나눔이나 배려를 실천한 자신의 경험을 발표해 보자.

나의 작은 나눔이 [   ] 됩니다.

36

노인을 위한 세상, 노인을 위한 디자인

— 퍼트리샤 무어

노인으로 살아 보기

"아이고 허리야. 철제 보조기를 너무 오래 다리에 대고 걸어 다녔더니 정말로 허리도 아프고 다리도 아프네."

어느 모텔의 침대 위에서 한 할머니가 끙끙대며 다리에 대었던 보조기를 떼어 냈다. 이어 흰머리의 가발과 뿌연 안경을 벗어 버리고, 얼굴을 가득 채우고 있던 주름 분장을 벗겨 내니 그녀는 80대 할머니에서 어느새 20대 여인으로 변신해 있었다. 그녀는 퍼트리샤 무어(Patricia Moore, 1952~)였다.

"아차, 씻기 전에 노인분들과 나눈 대화를 기록해야지."

퍼트리샤는 욕실로 들어가려던 발걸음을 돌려 가방에서 수

첩을 꺼내었다.

"수전 할머니는 버스의 계단이 너무 높아 버스 타기가 망설여진다고 하셨고, 잭 할아버지는 주전자 끓는 소리를 들을 수 없어 자주 주전자를 태워 먹고 차를 마시지 못했다고 하셨지. 또 메리 할머니는 체구가 작아 운전자가 자신을 못 보는 바람에 하마터면 교통사고가 날 뻔했다고 하였고……. 정말 노인들의 입장에서는 불편한 점이 한두 가지가 아니구나."

노인들의 말과 자신의 생각을 꼼꼼하게 수첩에 정리한 후 퍼트리샤는 욕실 문을 열었다. 문을 열어 보니 욕조의 물이 넘쳐 바닥으로 흐르고 있었다.

"이런, 솜으로 귀를 막고 있어서 물이 넘치는 소리를 듣지 못했구나."

그녀는 노인처럼 소리가 잘 들리지 않도록 귀에 솜을 끼워 놓았다. 그녀는 솜을 빼고 욕조에 몸을 담갔다.

"노인으로 생활한 지도 벌써 2년이 넘었네. 돌아다닌 도시만 해도 벌써 100군데가 다 되어 가고……. 이 생활을 얼마나 더 해야 할까. 힘들긴 하지만 아직은 충분한 것 같지 않으니 더 노력해야 해. 이제는 캐나다로 가 봐야겠어. 미국뿐만 아니라 다른 나라에서의 체험과 의견도 중요할 거야."

누구도 생각할 수 없었던 힘겨운 여정을 퍼트리샤 무어는 무려 3년 가까이 하고 있었다. 자신이 생각하는 이상적인 디자인을 실현하기 위해서였다.

착한 생각들—나눔, 배려, 존중

: 노인을 위한 세상,
노인을 위한 디자인

사람들을 위한 디자이너가 되기로 결심한 퍼트리샤 무어는 꿈을 위해 열심히 노력한 끝에 유명한 디자인 회사에 입사할 수 있었다. 1970년대 중반의 일이었다.

"퍼트리샤, 공식적인 회의 참석은 오늘이 처음이지?"

"네, 선배님. 회의를 통해 어떤 디자인 콘셉트가 만들어지는지 너무 궁금해요."

"하하, 실망할 수도 있으니 너무 기대는 하지 말라고. 이상과 현실은 다른 것이니 말이야."

선배 디자이너와 나란히 회의실로 들어간 퍼트리샤는 커다란 회의실의 분위기에 압도되었다. 하지만 자신이 꿈꾸던 디자이너로의 첫발을 내딛는 순간이라고 생각하니 가슴이 뛰고 설레었다.

"오늘 회의 주제는 바로 '냉장고 디자인'입니다. 우리의 목표는 전에 없던 전혀 새로운 형태의 냉장고를 디자인하는 것입니다. 좋은 의견들 있으면 내 주시기 바랍니다."

팀장의 주도하에 회의는 순조롭게 진행되어 갔다. 하지만 퍼트리샤가 생각하기엔 기존의 관습을 버리지 못한 식상한 의견들만이 오가고 있을 뿐이었다. 퍼트리샤의 머릿속에 갑자기 자신의 할머니 생각이 스쳐 갔다.

"지금 손을 드신 분, 신입 디자이너로 알고 있는데 실례지만, 이름이?"

"네, 이번에 신규로 채용된 신입 디자이너인 퍼트리샤 무어라고 합니다."

"네, 무어 양. 신입 디자이너의 참신한 발상을 기대해 볼게요. 한번 발표해 보겠어요?"

"네, 저는 기능에 충실한 디자인이 필요하다고 생각합니다."

"기능에 충실한 디자인이라……. 어떻게 보면 당연한 이야기군요. 더 자세히 말해 보겠어요?"

"냉장고의 기능은 얼핏 생각해 보면 물건을 냉장 혹은 냉동 보관하는 것이지만, 냉장과 냉동이라는 기계 자체의 기능을 빼면 사람이 하는 일은 보관을 하는 것입니다. 그 시작과 끝은 바로 냉장고의 문을 열고 문을 닫는 일이지요."

"그래서요?"

"저는 사람에게 편안한 디자인이 필요하다고 생각합니다. 저희 할머니께서는 관절염 때문에 냉장고 문을 열 때마다 힘들어하셨어요. 근력이 부족한 노인들을 위해 쉽게 열고 쉽게 닫을 수 있는 문을 디자인하는 것이 좋을 것 같습니다."

퍼트리샤의 의견을 들은 사람들은 웅성거리기 시작했다. 하지만 답변을 하는 사람은 없었다. 얼마간의 침묵이 이어지고 팀장이 입을 열었다.

"확실히 신입티가 나는 의견이군요. 애석하게도 우리는 그런 사람들을 위한 디자인을 하기 위해 여기에 모인 것이 아닙니다. 좀 더 파격적이고 혁신적인 디자인이 필요하니 쓸데없는 의견 말고 더 나은 의견은 없는 건가요?"

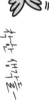

착한 생각들─나요, 배려, 존중

40

: 노인을 위한 세상,
노인을 위한 디자인

팀장의 냉정한 답변을 들은 퍼트리샤는 충격에 빠졌다. 자신의 의견을 무시해서가 아니라 '그런 사람들'이란 말 때문이었다. 퍼트리샤는 늘 디자인이란 사람을 위한 것이란 신념을 갖고 있었고, 여기서 말하는 사람이란 특정 집단이 아닌 모든 사람을 의미하는 것이었는데, 이들은 '그런 사람들'이란 말로 누군가를 배제해 버리고 있는 것이었다.

"괜찮아, 신입. 처음엔 다 그런 거야. 그 정도 일로 주눅 들면 안 돼."

어깨를 토닥이며 지나가는 선배의 말도 퍼트리샤에겐 들리지 않았다. 아니 퍼트리샤는 더욱 깊은 고민에 빠지게 되었다.

'이 회사는 엄청나게 유명하고 이 회사에서 잘만 해 나간다면 나는 틀림없이 성공한 디자이너가 될 수도 있을 것이다. 하지만 노인들을 '그런 사람들'로 치부해 버리는 사람들과 함께 일을 해 나갈 수 있을까? 이 사람들이 말하는 '그런 사람들'이 바로 우리를 낳아 주신 분들이고 길러 주신 모든 분이다. 그런 분들을 존중하고 대접하지는 못할망정 쓸모없는 사람들로 치부하면서 어떻게 좋은 디자인을 할 수 있을까?'

자신의 미래에 대한 중대한 고민을 거듭한 퍼트리샤는 자신의 마음의 소리가 시키는 대로 따라야 한다고 생각하였다. 그녀는 결국 회사를 그만두고 자신만의 디자인을 하기로 결심하였다.

"이봐, 철부지! 잘 지내고 있어?"

"아, 선배님! 패기 넘치게 회사는 때려치우고 나왔는데 정작 노인들을 위한 디자인을 할 수가 없네요. 이리저리 머리만 굴리고 있는 중이에요."

"노인을 위한다는 생각은 좋지만……. 그들을 위한 디자인을 한다는 건 당연히 쉽지 않은 일이겠지."

"전 가볍고 편리하게만 만들면 될 줄 알았는데 제가 디자인한 것은 이미 시중에 나와 있거나 실용성이 떨어지는 것들뿐이에요. 이유가 뭘까요?"

"좋은 디자인이란 그 사람의 입장이 되어 보아야만 알 수 있는 것도 있지. 신체 건강한 젊은 사람이 어떻게 노인들의 고충을 다 알고 그들을 위한 디자인을 할 수가 있겠어?"

그 얘기를 들은 퍼트리샤는 다시 한 번 충격에 빠졌다. 그랬다. 디자인이란 자신의 입장이 아닌 사용하는 사람의 입장에서 볼 때 실용적이면서 아름다운 것이어야 했는데, 지금까지 그녀는 오로지 자신의 관점에서만 바라보면서 노인을 위한 디자인을 하고 있었으니 좋은 디자인이 나올 리 만무했다.

'그런 사람들'을 위해 '그런 사람들'이 되기로 결심하다

여러 가지 방법을 생각해 보았지만 퍼트리샤가 내린 결론은 하나였다. 노인들의 고충을 이해하기 위해서는 자신이 직접 노인이 되어 그들의 불편함과 어려움을 체험해 보는 것밖에 방법이 없었다. 퍼트리샤는 즉시 실행에 옮기기로 했다. 그녀는 외

: 노인을 위한 세상,
  노인을 위한 디자인

모만 노인으로 분장하는 것이 아닌 실제로 노인의 불편함을 알기 위해 전문 분장사인 바버라 켈리에게 의뢰를 하였다.

"안녕하세요. 제가 노인 분장을 의뢰한 퍼트리샤 무어예요. 저를 실제 노인처럼 분장해 주셨으면 해요."

"네, 의뢰 내용은 잘 알고 있습니다. 믿고 제게 맡겨 주세요. 실제로 노인과 가까워지기 위해서 우선 다리에는 철제 보조기를 착용하여 노인들의 불편한 움직임을 느낄 수 있도록 할 거예요. 앞이 잘 보이지 않는 노인들의 특성은 뿌옇게 처리한 안경을 통해서, 그리고 귀가 잘 들리지 않는 노인의 특성은 귀에 솜을 말아 넣는 것으로 해 볼게요."

그리고 장시간에 걸쳐 분장 작업이 시작되었다. 분장이 끝나자 퍼트리샤는 완전히 80대의 할머니로 다시 태어나 있었다. 변장 후 다리는 거동이 힘들 만큼 불편하였고, 앞이 잘 보이지 않으며 소리도 잘 들리지 않았다. 그녀가 말해 주지 않는다면 세상의 그 누구도 그녀가 원래는 26세의 여인이라는 것을 알 수 없을 정도였다. 게다가 그녀는 사람들이 자신을 잘 알아볼 수 없도록 아홉 가지의 외모로 변장할 수 있는 준비를 하였다.

그 길로 퍼트리샤 무어는 오랜 여정을 시작하기 위해 떠났다. 그녀는 1979년부터 3년이 넘는 시간을 80대 노인으로 변장하여 노인들과 함께 노인처럼 살아갔다. 20대의 건강한 사람이 노인처럼 3년을 살아간다는 것은 쉽지 않은 일이었다. 그녀는 이전에는 알지 못했던 불편함과 공포를 느꼈고, 그 불편함을 해소하기 위해 당장이라도 그 일을 그만두고 싶은 날이 많

았다. 하지만 퍼트리샤 무어는 거기서 그만두면 자신의 굳은 결심이 흔들릴까 봐 참고 또 참으며 노인들의 불편함을 체험하기 위해 애썼다. 그렇게 그녀는 3년 이상의 시간 동안 미국과 캐나다의 116개 도시를 돌아다니며 노인을 체험하였다.

"나는 버스를 타는 것이 너무 무서워. 계단이 많아서 오르기 힘든 것도 문제지만 다 타지도 않았는데 출발을 해 버리기 때문에 넘어질까 겁이 난다고. 예전처럼 자유롭게 버스를 타고 다니고 싶지만 이제는 버스를 이용하는 게 큰 결심을 해야 하는 일이 되었다우."

"나는 워낙 체구가 작은 데다가 허리가 휘어서 운전자들이 보면 잘 보이지 않는다우. 도로를 다닐 때면 얼마나 겁이 나는지……."

"나는 살에 감각이 많이 없어진 모양이오. 아 글쎄 물이 펄펄 끓는 냄비를 양손으로 잡았는데 뜨거운 줄도 모르고 있다가 온통 다 데어 버렸지 뭐요."

노인들의 이야기를 들은 퍼트리샤는 눈물을 흘렸다. 모두 똑같은 사람들인데 노인들은 젊은 사람들이 알 수 없는 두려움과 불편함에 사로잡혀 살아가고 있었다.

44

노인 변장의 삶 이후 퍼트리샤 무어는 많은 것을 깨달을 수 있었다. 그녀는 그 경험을 바탕으로 연령, 성별, 장애, 인종 등에 상관없이 누구나 보편적으로 사용할 수 있는 '유니버설 디자인(universal design)'을 구현했고, 그녀의 디자인은 전 세계적으로 유명해졌다. 바퀴가 달린 가방, 양손잡이용 가위, 오르내리기 쉬운 저상용 버스, 고무로 된 냄비의 손잡이 등 그녀의 유니버설 디자인 정신이 담긴 수많은 제품들이 세상에 등장하여 많은 사람들이 더욱 편리한 생활을 할 수 있게 되었다.

세계적으로 유명한 디자이너가 된 퍼트리샤는 자신의 노인 체험 경험을 방송을 통해 고백하였다. 진행자가 퍼트리샤에게 물었다.

"퍼트리샤, 왜 26살에 할머니가 될 결심을 하였나요?"

"저희 할머니는 관절염이 심해서 냉장고를 쉽게 열 수 없게 되자 요리하는 기쁨을 잃어버리셨어요. 할머니에게 요리하는 일상의 즐거움을 되찾아 드리고 싶었어요. 하지만 우리 사회에는 노인들을 소비자로 보지 않는 잘못된 시각이 만연해 있어요. 저는 그런 편견을 깨고 싶었습니다."

"감동적인 이야기군요. 그럼 퍼트리샤, 할머니로 분장하여 생활하는 동안 가장 크게 깨달은 점이 있다면 무엇일까요?"

"네, 제가 가장 크게 느낀 점은 노인들이 편한 것만을 추구하는 사람들이 아니란 것입니다. 사람은 누구나 젊은 시절에 즐기던 일상을 나이가 들어서도 즐기고 싶어 하지만 나이를 먹고 나면 그 일상은 힘든 일이 될 수도 있다는 것을 알게 되었습니다. 저는 그 일상을 다시 실현하는 역할을 하는 것이 바로 디자인이란 것을 깨달았습니다. 그래서 저는 제 디자인을 통해 노인들이 우리 사회에서 소외되지 않고 존중받고 공생해야 할 소중한 사람들이란 것을 알리고 싶었습니다. 그것이 바로 유니버설 디자인의 철학이자 정신입니다."

※ 다음 공익 광고의 메시지가 무엇인지 확인해 보고, 노인을 공경하는 것이 우리 사회에서 어떤 의의와 가치를 지니는 행위인지 생각해 보자.

2부

나는 매순간 소통하며
좋은 관계를 맺어나는 애기

— 소통, 관계 지향성

23년간
한 번도 멈추지 않았던 대화
— 타게 엘란데르

우리는 성장할 것입니다

　북유럽의 한구석을 차지한 스웨덴은 예전에는 땅이 척박하고 기후가 차가워서 많은 사람들이 좀처럼 힘겨운 삶에서 벗어나지 못하던 가난한 나라였다. 더욱이 전 세계를 휩쓸고 간 경제 공황의 후유증이 채 가시지 않은 1930년대의 스웨덴은 노동자의 파업으로 한창 몸살을 앓고 있었다.

　2차 세계 대전이 끝난 직후까지도 좀처럼 나아지지 않은 경제 상황. 국민들은 배가 고팠다. 경제 성장을 갈망하는 스웨덴 국민들은 때마침 1946년 사민당 소속의 젊은 국회의원 타게 엘란데르(Tage Erlander, 1901~1985)를 스웨덴의 총리로 추대한다. 그의 나이 불과 45세였다. 젊은 총리의 추진력으로 국운을 살려 보고자 한 것이었다. 그는 대학 시절부터 '젊은 청년들의 모임'의 회장을 맡기도 하는 등 사회 개혁 성향이 누구보다 강한 사람이었다. 그는 총리가 된 날 일기장에 '나는 총리가 될 재목이 못 되는 사람이다. 하지만 나를 지지해 주는 국민들을 위해 희생하라는 명령은 거부할 수가 없다.'라고 적으며 겸손하지만 당찬 각오를 밝혔다.

총리직에 오른 직후 어느 기자가 그에게 질문을 던졌다.

"신임 총리님, 총리님의 재임 기간 동안 스웨덴의 경제가 성장할 것으로 확신하십니까?"

"물론 우리는 성장할 것입니다."

경제 성장은 무거운 숙제였으나 엘란데르 신임 총리는 경제 성장을 확신하는 듯했다. 기자의 질문이 이어졌다.

"총리님이 가지고 계신 복안이 있습니까?"

"다 함께 성장하자면 복지에 초점을 맞춰야 하겠지요."

"복지라 함은, 국가의 돈을 국민들에게 풀자는 의미로 받아들여도 되겠는지요?"

기자의 질문은 집요했다.

"사람들에게 돈을 풀자는 게 아닙니다. 제 말은 우리가 경제 성장을 하되, 다 함께 성장하자는 것입니다."

엘란데르의 말이 이해가 잘되지 않는 듯 기자가 고개를 갸웃거렸다.

"돈을 풀지 않고도 다 함께 성장할 수 있다고요? 가능할

한 대화를 스웨, 함께 개혁

50

: 23년간
한 번도 멈추지 않았던 대화

요?"

엘란데르가 말을 이었다.

"돈을 풀기보다 사람들이 모두 돈을 벌 수 있게 해야 합니다. 이를 위해 모든 사람과 대화하겠습니다. 그러다 보면 **좋은** 방안이 나올 겁니다."

기자는 이때까지만 해도 이 말이 정확히 무엇을 의미하는지 알지 못했다. 정치 신인의 추상적이고 상투적인 인사치레 그 이상도 이하도 아닐 것이라고 생각했을 뿐이다. 이날 엘란데르 가 했던 말에 담긴 진심을 많은 사람들이 알게 되는 데는 긴 세월이 필요했다.

목요일마다 만납시다

어느 날 국무회의에서 엘란데르가 장관들에게 난데없는 질 문 하나를 던졌다.

"이제는 좀 수그러들었다고는 하나, 노동자들의 파업과 쟁 의가 여전히 빈번한데 이와 같은 노사 간의 갈등을 해결할 묘 책이 없겠습니까?"

한 장관이 총리의 질의에 다음과 같이 답하였다.

"모두 알다시피 1938년에 노사 간에 살트셰바덴 협약이 체 결되었습니다. 이는 노사 간 대타협의 결과물로서 상생의 기틀 은 마련되어 있습니다."

"그렇다면 이 기틀 위에 정부가 적극적으로 나서서 해 줄 일을 찾아봅시다."

엘란데르 총리의 눈이 매섭게 반짝이고 있었다. 살트셰바덴 협약은 간단히 말해 기업과 노동자가 서로를 위해 양보할 것은 양보하고 힘쓸 것은 힘쓰겠다는 기본적인 노사 관계의 방향을 밝힌 협약으로서, 스웨덴 근대 역사에서 매우 중요한 사건 중의 하나였다. 엘란데르는 이 협약에 담긴, 대화의 정신에 주목했다.

이날 국무회의가 끝나고 며칠 후 엘란데르 총리의 이름으로 편지가 발송되었다. 수신인은 스웨덴의 기업 대표들과 기업의 노조 대표들이었다. 그 편지의 내용은 다음과 같았다.

'나는 국정을 돌보느라 늘 바쁜데 마침 목요일은 시간이 좀 한가합니다. 일단 목요일 저녁에 만나서 저녁이나 먹으며 이야기 좀 나눕시다.'

이 편지는 일종의 초대장이었다. 초대를 받은 기업 대표와 노조 대표 모두 의아해했다.

'총리가 왜 나를 보자고 했을까? 그냥 단순히 저녁 식사를 하자는 것은 아닐 텐데······.'

'총리님이 나를 초대한다고? 그럴 리가. 내가 뭘 밉보였나?'

총리의 갑작스러운 부름에 기업 대표와 노조 대표가 한달음에 달려왔지만 총리의 의중을 모르니 표정은 떨떠름했다. 총리가 먼저 입을 열었다.

"그동안 노사 간에 서로 상충하는 일이 많았던 것으로 압니

: 23년간
한 번도 멈추지 않았던 대화

다. 우리가 모여서 서로의 애로 사항을 털어놓으며 상생의 길을 모색해 보고자 이런 자리를 마련하였습니다."

정부에서 갑자기 마련한 자리, 서로 눈치만 보며 어색한 시간이 흘러갔다. 첫 만남에서 기업 대표와 노조 대표, 그리고 총리는 겉도는 이야기만 형식적으로 나누었을 뿐 어떤 성과도 남기지 못하였다.

'첫술에 배부를 수는 없지.'

총리는 실망하지 않았다.

"이번 주에는 지난주에 부르지 못한 기업 대표와 노조 대표를 초대해 주게."

총리는 비서진에게 다시 목요일 저녁 모임을 주선해 줄 것을 부탁했다. 비서진은 또다시 총리 명의로 초대장을 발송하였다. 또다시 목요일 저녁에 기업 대표와 노조 대표가 총리 공관에 모였다. 이미 지난 모임에 대해 소문을 들었던 대표들이 가볍게 몇 마디씩 총리에게 이야기를 건넸다.

"노동자들이 생산성을 높이는 데 최선을 다해 주었으면 좋겠습니다."

기업 대표가 의견을 내놓았다.

"사측이 고용을 보장해 주고, 이익 증가에 맞춰 임금을 조금씩이라도 인상해 주었으면 좋겠습니다."

노조 대표들도 평소에 마음속에 두었던 말들을 총리 앞에 조심스레 꺼내었다. 이렇듯 목요일마다 보이지 않게 아주 조금씩 노사정 협의가 이루어져 갔다. 엘란데르는 한 걸음씩 스웨덴이 앞으로 나아가고 있음을 느꼈다. 목요일마다 그의 얼굴에 엷은 미소가 번졌다.

한 주 또 한 주, 목요일의 모임은 끊이지 않고 계속되었다. 엘란데르는 노조와 기업의 대표를 한자리에 초대해 저녁을 먹으며 편하게 그들의 목소리에 귀를 기울였다. 어느새 목요일의 모임은 '목요 클럽'이라고 불리며 스웨덴의 속살을 찌우고 있었다.

처음에는 기업과 노조 대표들만 초대된 자리였으나 시간이 지나고 모임의 횟수가 늘어나면서 각계각층이 폭넓게 참여하는 자리로 확대되었다. 대학교수, 언론인, 법률가, 환경 운동가, 금융인, 상인, 농부 등 총리의 초대를 받지 못한 직업군이 없을 정도로 엘란데르의 목요 클럽에는 매주 다양한 사람들이 번갈아 초대되었다. 초대된 사람들은 각자의 입장을 바탕으로 총리와의 대화를 이어 나갔고, 때로는 활기찬 토론을 벌이기도 하였다.

엘란데르의 목요 클럽은 단지 한때의 정치 이벤트가 아니었다. 그 이후로 무려 23년간 계속되었으며 심지어 단 한 번도 거르지 않고 열렸다. 그것이 가능했던 이유는 엘란데르가 23년 동안 총리직을 한결같이 지킬 수 있었기 때문이다. 그는 신임 총리가 된 이래로 그 이후 실시된 11번의 선거에서 모두 승리하면서 스웨덴의 최장수 총리가 되었다. 이해관계가 첨예하게 대립하는 다양한 계층의 사람들을 끊임없이 한자리에 불러 모았던 이른바 '소통 민주주의'가 스웨덴 국민을 매료했던 것이다.

한때 새가들을—소통, 단체 라라라

54

: 23년간
한 번도 멈추지 않았던 대화

다양한 계층의 사람들을
끊임없이 한자리에 불러 모았던 엘란데르의 '소통 민주주의'는
스웨덴 국민을 매료했다.

엘란데르가 실시한 대화의 정치에 관한 유명한 일화가 있다. 스웨덴은 겨울의 나라라고 할 만큼 겨울이 길고 해가 금방 지는 밤이 긴 나라이다. 그들에게 짧디짧은 여름날은 천금과도 바꿀 수 없는 휴가 시즌으로 활용되는 것이 오랜 관습이었다. 당시 총리에게는 전용 별장인 '하르프순드'에서 여름휴가를 보낼 권한이 있었다. 그런데 엘란데르는 비서진에게 이렇게 주문한다.

"이번 주 목요 모임은 하르프순드에서 개최합시다. 초대장에 모임 장소를 하르프순드로 해 주십시오."

매년 여름휴가 기간조차도 사람들을 별장으로 불러 목요 클럽의 전통을 이어 나갔던 것이다. 총리 주변의 참모들이 이 소식을 듣고 깜짝 놀란 것은 물론이요, 모임에 참석한 사람들조차도 그의 변치 않는 대화의 정치에 박수를 보냈다. 역사가들은 이 별장에서의 모임을 소중히 여겨 엘란데르의 이러한 정치모형을 '하르프순드 협의 민주주의'라고 따로 명명할 만큼 중요한 역사적 의미를 부여하였다.

엘란데르가 실시한 이러한 상생의 정치, 소통의 정치, 협상의 정치는 국민들에게 그대로 '복지'가 되어 돌아갔다. 23년 동안 각계각층과 소통하면서 노동자의 파업은 완전히 사라졌으며, 스웨덴 국민의 삶의 질은 하루가 다르게 좋아졌던 것이다. 전 국민 무상 의료보험이 실시되었고, 전 국민에게 연금이 지급되었다. 모든 교육 과정의 무상 교육 실시, 100만호 주택 건설을 통한 주거 환경 개선 등이 이어졌다. 엘란데르는 이렇게

: 23년간
한 번도 멈추지 않았던 대화

말한다.

"의료와 육아, 그리고 교육, 주거의 문제는 인간의 가장 기본적인 삶의 조건들입니다. 그런 문제가 사람들이 살아가는 데 발목을 잡지 않아야 한 개인이 성장할 수 있고, 개인이 성장해야 국가가 최대한 성장할 수 있는 것입니다."

23년간의 공직 생활에 집 한 채도 남지 않아

스웨덴은 어느새 모든 국민이 다 함께 잘 사는 나라가 되어 있었다. 그 때문에 세계에서 손꼽을 만큼 많은 세금을 내는 나라가 되었지만, 엘란데르는 대화를 통해 국민들이 스스로 지갑을 열어 세금을 내게 했다. 엘란데르의 업적은 스웨덴의 경제를 성장시키고 복지를 실현한 것에만 머물지 않는다. 엘란데르의 대화 정치는 국민들에게 그 어떤 사회적 갈등도 해결할 수 있다는 확신을 심어 주었다. 결과적으로 스웨덴의 민주주의가 한 단계 성숙해지는 효과를 가져왔다.

1969년 그는 23년간 이어 왔던 총리직을 내려놓고 은퇴를 결정한다. 국민들은 스웨덴을 더 지켜 달라며 그의 총리직 은퇴를 눈물로 만류하였다. 그러나 그는 '스웨덴의 주인은 총리가 아니다. 국민 모두가 주인이다. 누구라도 스웨덴을 지켜야 한다.'는 취지의 말을 남기고 기어코 총리직을 내려놓았다. 그런데 국민들은 또 한 번 감동의 눈물을 흘릴 수밖에 없었다. 23

년간 스웨덴 총리를 지낸 엘란데르 부부에게 여생을 보낼 집 한 채가 남아 있지 않았던 것이다. 그의 청렴한 정치를 한눈에 확인한 국민들은 감동하다 못해 경악하였다. 사민당은 그에게 정치 연수원 근처에 별장을 마련해 주어 여생을 젊은 정치인들과 담소하며 보낼 수 있게 도와주었다고 한다. 지금도 스웨덴 국민에게 가장 뛰어난 정치인이 누구냐고 물으면 누구든 주저하지 않고 타게 엘란데르를 손에 꼽는다.

※ 다음 공익 광고를 참고하여 우리가 서로 '소통'하기 위해서 가장 필요한 것이 무엇인지 말해 보자. 그 밖에 또 어떤 자세가 우리가 서로 소통하는 데 필요할지 생각해 보자.

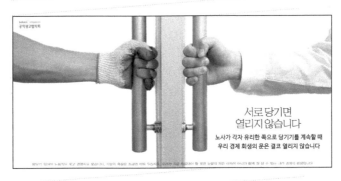

동물에게도 사랑과 소통이 필요하다

- 템플 그랜딘

아픈 것이 아니야, 다른 것이란다

1951년, 미국의 보스턴. 아이의 손을 붙잡은 여인이 심각한 얼굴로 병원을 찾았다.

"의사 선생님, 우리 아이는 왜 아직도 말을 하지 않는 걸까요? 다른 아이들과 잘 어울리지도 않고 장난감이나 인형도 좋아하지 않아요. 아이에게 무슨 문제라도 있는 것인가요?"

여러 검사 결과를 본 의사는 심각한 표정을 지었다.

"아이가 지금 몇 살이라고 하셨죠?"

"네 살이에요. 이름은 템플 그랜딘이고요."

"음…. 부인, 놀라지 말고 들으시길 바랍니다. 검사 결과 템플에게는 장애가 있는 것으로 판명되었습니다."

"네? 장애라니요?"

"자폐증이란 것으로 소아 정신 분열의 일종입니다. 어쩌면 이 아이는 평생 동안 말을 못 할 수도 있습니다."

"평생 말을 못 할 수도 있다고요?"

"네, 저는 의사로서 이 아이를 자폐증을 가진 아이들을 수용하고 있는 특수 시설로 보낼 것을 권장합니다."

템플 그랜딘(Temple Grandin, 1947~)의 어머니는 절망으로 몸을 가눌 수가 없었다. 하지만 그녀는 좌절하지 않았다.

"아니에요. 그럴 리가 없어요. 어떻게든 제가 이 애를 돌보겠어요. 말도 하고 뛰어놀 수도 있게 하겠어요. 절대 딴 곳에 보내지 않을 거예요."

그 후 템플의 어머니는 특수 시설로 보내야 한다는 의사의 계속된 권유를 물리치고 템플이 말을 할 수 있도록 모든 정성과 노력을 다했다. 그런 어머니의 노력으로 템플은 결국 말을 할 수 있게 되었지만 그녀는 여전히 자신만의 세상에서 살고 있었다. 특히 어린 소녀의 입에서 나온 말은 주변 사람들을 놀라게 하기에 충분하였다.

"엄마, 그 글자들을 치워 주세요. 전 글자들이 싫어요. 왜냐하면 전 그림으로 세상을 보기 때문이에요."

그제야 어머니는 템플이 그동안 종이를 찢고 무언가를 이어붙이곤 했던 행동들을 이해할 수 있었다. 그 후 어머니는 템플이 세상을 더욱 잘 이해할 수 있도록 글자가 아닌 여러 가지 그

동물에게도 사랑과 소통이
필요하다

림과 사진들을 통해 그녀를 교육시켰다. 템플은 과학을 좋아하는 소녀로 자라났다.

고등학교에 진학할 때가 가까워 오자 더 이상 템플을 일반 학교에서 가르칠 수 없다고 판단한 어머니는 학습과 종교, 수공예, 임상적·정신과적 치료 시설을 모두 갖춘 '마운틴 컨트리'라는 기숙 학교로 템플을 진학시키기로 결심하였다. 기숙 학교에서의 생활은 템플에게 생소했다. 특히 자신만의 세상 속에 살고 있어 다른 사람의 말이나 시선을 신경 쓰지 않는 엉뚱한 행동과 말에 다른 많은 학생들이 템플을 비웃었고 선생님들마저 그녀를 힘겨워했다.

프랑스어 수업 시간이었다.

"그랜딘 양, 그 페이지를 읽어 보세요."

"저, 저는 프랑스어가 싫어요. 저는 과학 공부를 하고 싶어요."

"선생님으로서 다시 한 번 말합니다. 그랜딘 양 그 페이지를 다시 한 번 읽어 보세요."

템플은 불안한 눈으로 책을 순식간에 훑었다. 그 페이지의 이미지가 템플의 뇌리에 박혔다.

"다 읽었어요."

장난을 친다고 생각하여 화가 머리끝까지 난 프랑스어 선생님은 템플에게 다가가 책을 빼앗으며 다시 소리쳤다.

"다 읽었다고요? 그럼 무슨 내용인지 말해 볼래요?"

그러자 템플은 그 페이지의 내용을 글자 하나 틀리지 않고 읊었고 템플을 비웃던 학생들과 화가 난 선생님은 당혹감을 감추지 못했다. 선생님은 말했다.

"이, 이것은 전에 배웠던 내용인가요?"

"아니요. 오늘 처음 본 거예요. 전 페이지를 사진처럼 저장해서 읽어요."

할 말을 잃은 선생님은 책을 놓고 교탁으로 되돌아갔다. 모두들 템플을 의아한 눈으로 보았지만, 문밖에서 이 광경을 보며 눈을 반짝이던 한 선생님이 있었다. 바로 과학 교사인 칼록 선생님이었다.

그날 저녁, 회의 시간에 선생님들은 입을 모아 템플의 엉뚱한 행동들에 대해 이야기를 나누었다. 특히 프랑스어 선생님은 낮에 있었던 일을 얘기하며 황당함을 감추지 않았다.

그때, 칼록 선생님이 말했다.

"템플의 그 능력은 정말 훌륭한 재능입니다. 이 학생은 세상과 문을 닫은 것이 절대 아닙니다. 다만 글자로 소통하는 것이 아니라 그림으로, 세상을 머릿속에 그림으로 담아 저장하여 소통하기 때문에 다른 사람과 달라 보이는 것뿐입니다. 템플은 모자란 게 아닙니다. 다만 조금 다를 뿐입니다. 제가 그 학생을 바꾸어 보겠습니다."

그 후 칼록 선생님은 템플의 재능이 발휘될 수 있도록 여러

착한 세계를—소통, 함께 재능사

: 동물에게도 사랑과 소통이
필요하다

가지 과학적인 현상을 제시하고 그 현상을 설명할 수 있도록 과제를 내주었다. 칼록 선생님의 과제에 매료된 템플은 모든 노력을 동원하여 과제를 해결하려 애썼고, 그 과정에서 두 사람은 깊은 신뢰를 쌓을 수 있었다. 템플이 처음으로 경험한 세상과의 소통이었다. 템플은 칼록 선생님의 도움으로 놀랍게도 대학에 진학할 수 있었다. 템플의 가족들마저도 뜻밖이라며 놀랐다.

자신의 가치를 인정받다

대학 기숙사에서 템플은 다양한 룸메이트들을 만나지만 모두 템플의 행동과 말에 거부감을 느끼며 그녀를 피했다. 템플 또한 자신을 이해하지 못하는 그들을 이해하지 못했다. 그러던 어느 날 새로운 룸메이트 앨리스가 방으로 들어왔을 때였다.

"난 템플이야. 난 주로 그림을 통해서 세상을 보기 때문에 내가 이상할 수도 있어. 이런 나와의 기숙사 생활이 힘들 거야. 다른 애들도 얼마 안 가서 다 나가 버렸거든."

그러자 앨리스가 말했다.

"괜찮아. 넌 그림을 통해서 세상을 보지만, 난 소리로 세상을 보거든. 내 이름은 앨리스라고 해."

새로운 룸메이트인 앨리스는 시각 장애인이었다. 일반 사람들과는 다른 방식으로 세상과 소통하는 공통점을 가진 두 사람은 서로를 이해하며 좋은 친구가 될 수 있었다. 특히 다른 사람과의 스킨십을 극도로 꺼렸던 템플은 앨리스에게만은 자신의 팔을 내어주며 그녀를 인도하곤 했다.

자신의 가치를 알아주는 선생님과 친구를 만난 템플은 우수한 성적으로 대학을 졸업할 수 있었고 애리조나 대학교 대학원생으로 입학하였다. 말, 소 등 동물을 좋아했던 템플은 석사 과정으로 동물학을 전공했는데 어느 날 학부생들과 함께 대학 근방의 대형 축산업장으로 견학을 가게 되었다.

대량의 소가 이리저리 움직이는 목장에서 템플은 소리쳤다.

"저기 소들이 소리를 내며 울고 있어요. 소들은 보통 소리를 잘 내지 않는데 왜 그런 거죠?"

템플은 끊임없이 소리쳤다.

"관리인들이 다가가면 소들이 질서를 잃고 뿔뿔이 흩어지다가 다쳐요! 소들이 왜 저러는지 알 수가 없어요!"

하지만 템플의 목소리에 아무도 귀를 기울이지 않았다. 템플의 눈에는 당시 미국의 목장이 무질서하고 비인도적으로만 보였다. 방학 때마다 이모의 목장에서 소들을 많이 접해 보았던 그녀는 소들이 왜 그렇게 울부짖으며 무질서하게 움직이는지 강한 궁금증이 일어 그 목장을 출입하며 조사를 시작하였고 그 조사를 바탕으로 논문을 작성하였다.

"이봐요. 이곳에 여자는 출입 금지라고!"

"전 애리조나 대학원생이에요. 소와 목장 시설에 대해 연구하고 있어요. 들여보내 주세요!"

동물에게도 사랑과 소통이
필요하다

"하하하, 자네 들었나? 여자가 목장 시설에 대해 연구하고 있다는구먼. 예끼, 그런 것은 영화에서나 하쇼!"

사람들은 처음에는 템플의 연구를 무시하며 출입조차 허용하지 않았다. 하지만 템플은 온갖 노력으로 출입을 할 수 있도록 만들었고, 자신이 갖고 태어난 재능을 발휘하기 시작하였다. 소들의 집단적인 움직임을 그림으로 인식하고 그 패턴을 바로바로 분석했으며, 자신이 기억하고 있는 평화로운 소들이 있던 시설과 이곳의 차이점을 이미지로 떠올려 바로 비교할 수 있었다.

'소들이 왜 불안감을 느끼는지 이해하려면 내가 직접 소의 입장이 되어 보아야 해. 내가 소라면 이런 시설에서 어떤 느낌이 들까?'

그녀가 연구에서 가장 중점을 둔 것은 소의 입장에서 그 시설을 바라보았을 때 어떤 느낌이 드는가 하는 것이었다. 템플은 소들 사이에서 소처럼 엎드려 기어 다니며 그 심리를 이해하려 노력하였고, 많은 소들과 교감하며 그들을 이해하기 위해 애썼다. 그렇게 그녀는 목장의 소들이 불안감 없이 순조롭게 이동할 수 있는 시설물을 많은 노력을 들여 연구하였고 그녀의 연구는 화제가 되어 한 잡지사에서 기사화되기도 하였다.

"템플? 당신이 바로 템플 그랜딘이란 사람입니까?"

잡지사에서 이야기를 나누고 있을 때, 누군가가 템플에게 말을 걸었다.

"네, 제가 바로 템플 그랜딘입니다."

"아, 실제로 보게 되어 반갑습니다. 저는 인근에서 목장을 하는 사람인데 당신의 기사를 흥미롭게 보았지요. 우리 목장의 설계사가 마침 일을 못 하게 되어 곤란한 참이었는데, 당신이 알고 있는 이론을 우리 목장에서 한번 시행해 보는 것은 어떻겠어요?"

우연한 만남을 계기로 템플은 논문이 다 완성이 되기도 전에 자신의 이론을 시험해 볼 수 있었다. 그녀가 설계한 시설물을 본 사람들의 눈이 휘둥그레졌다.

"저, 저럴 수가!"

"소들이 정말 아무런 동요 없이 평화롭게 이동하고 있어요!"

템플이 만든 시설물은 매우 성공적이었다. 하지만 템플의 이론을 완전히 믿을 수 없었던 관리인들이 제멋대로 시설을 바꾸어 다치거나 죽는 소들이 여전히 생겨났고, 템플은 고민을 거듭하여 인력 투입 없이도 완벽하게 소들을 이동시킬 수 있는 시설을 고안해 내었다. 그녀가 많은 어려움 끝에 완성해 낸 시설물은 완벽에 가까운 것이었고 현재 북미의 대형 목장 절반

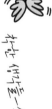

착한 생각들-소통, 관계 맺음?

66

: 동물에게도 사랑과 소통이
필요하다

이상이 그녀의 설계를 바탕으로 한 시설물을 만들어 사용하고 있을 정도로 많이 보급되었다. 그녀는 당시의 상황을 『어느 자폐인 이야기』라는 책을 통해 서술하기도 하였다. 그 책에는 이런 내용이 실려 있다.

"내가 만든 시설이 성공할 수 있었던 이유는 두 가지였다. 하나는 내가 세상을 그림을 통해 파악할 수 있었기 때문에 남들은 보지 못하는 것을 볼 수 있었고, 둘째는 내가 소통을 위해 노력했기 때문이었다. 나는 인간의 입장이 아닌 소의 입장이 되어 소들의 이동 경로에 따른 심리 상태를 파악할 수 있었고, 그렇게 할 수 있었던 까닭은 소들과 소통하기 위해 노력했기 때문이다. 인간들은 내가 모자라다고 생각하여 나와 소통하려 하지 않았지만 소들은 달랐고 난 소들의 고통과 심리를 알 수 있었다."

이후 템플은 석사에 이어 박사 학위도 취득하여 자폐인으로서는 드물게 대학교수가 될 수 있었다. 그녀는 자신의 또 다른 저서 『나는 그림으로 생각한다』를 통해 자폐라는 세계에서 자신이 경험한 것을 들려줌으로써 자폐인들의 심리를 사람들에게 알리는 계기를 마련했다. 자폐증을 앓고 있어 세상과 소통하는 데 어려움을 겪었지만 스스로 세상과 소통하기 위해 애써 온 것이다.

어머니와 함께한 자폐증 환자들을 위한 자리에서 그녀는 말했다.

"전 네 살 때까지 말을 하지 못했어요. 하지만 지금은 대학도 졸업했고 박사 학위까지 받았어요. 엄마는 제가 평생 말을 하지 못할 수도 있다는 말을 믿지 않았고 저를 정성스럽게 길러 주셨어요. 엄마 외에도 칼록 선생님, 제 친구 앨리스 등 제가 뭔가에 참여할 수 있도록 많은 분들이 도와주었어요. 그분들은 제가 모자란 게 아니라 다만 약간 다르다는 것을 알았던 것이에요. 그분들의 도움으로 저는 다른 사람과 제가 다르다는 것을 알게 되었고, 그 다름을 알게 되었기에 비로소 세상과 소통할 수 있었어요. 그리고 대학교수가 된 지금도 저는 계속해서 세상과 소통하려고 노력하고 있답니다."

※ 다음 사진들이 우리에게 감동을 주는 이유가 무엇인지 생각해 보자. 그리고 동물과의 의사소통이 과연 실제로 일상에서 가능할지 친구들과 토론해 보자.

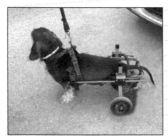

디지털 시대에 아날로그로 세상과 소통하다

- 프랭크 워런, 맷 애덤스

2004년, 뉴욕에서 큐레이터로 활동하고 있던 프랭크 워런 (Frank Warren)은 지역 사회를 위한 예술 프로젝트를 기획하고 있었다. 하지만 뉴욕이라는 거대한 도시 속에서 살아가는 사람들의 감성을 충족해 줄 프로젝트를 구상하는 것이 쉬운 일은 아니었다.

"이번 프로젝트의 주제는 '소통'이야. 우리는 소외된 현대인들에게 소통을 통해 행복을 찾을 수 있도록 계기를 마련해 주어야 해. 좋은 방법이 없을까?"

프랭크 워런은 팀원들에게 프로젝트의 취지를 설명하였다.

팀원들은 각자 의견을 이야기하기 시작했다.

"인터넷을 이용한 예술 프로젝트를 구상해 보면 어떨까요? 누구나 쉽게 참여할 수 있도록 말이에요."

"인터넷을 이용하는 것은 빠르긴 하지만 빠른 만큼 사람들의 관심에서 사라지는 것도 금방이야. 게다가 요즘에는 악성 댓글로 고통을 겪거나 자살하는 사람도 점점 늘어나고 있어. 난 우리 프로젝트가 그런 부정적인 결과를 낳을까 봐 두려워."

"왜 사람들은 남에게 피해를 주는 악성 댓글을 아무렇지도 않게 작성할까요?"

"익명성 때문이지. 인터넷이라면 자신을 드러내지 않고도 함부로 말할 수도 있고, 또 현실에서는 하지 못할 말도 거리낌 없이 할 수 있으니까."

팀원들의 말을 듣고 있던 프랭크의 귀가 번쩍 뜨였다.

"익명성이라고?"

"네, 익명성. 그게 왜요?"

"그래! 바로 그 익명성을 이용하는 거야!"

"익명성이오? 그건 너무 위험하다고 조금 아까……."

"위험하다고? 그럼 인터넷이 아닌 아날로그적인 방법으로 하는 거야. 좋아! 이번 프로젝트의 주제는 아날로그로 세상과 소통하기야. 아날로그와 익명성의 만남이지!"

"아날로그적 소통이라고요?"

팀원들은 처음 듣는 말에 의아했다.

"생각해 봐. 인간이라면 본능적으로 외로움을 피하려고 하

: 디지털 시대에 아날로그로 세상과 소통하다

잖아? 외로움은 사람들 사이에서 고립되거나 주변에 아무도 없다고 느낄 때에도 나타나지만, 자신만의 비밀이 생겼을 때에도 느끼게 되어 있어. 비밀은 자신을 외롭게 만들 뿐만 아니라 계속 혼자만의 생각에 빠지게 해. 그래서 더욱 불안하고 무서움을 느끼게 되지. 하지만 우리 프로젝트가 사람들의 이런 고통을 해소해 줄 수 있을 거야."

신이 나서 떠드는 프랭크 워런의 말을 팀원들은 아직 이해하지 못해 멍하니 바라볼 뿐이었다.

"이 정도로 얘기했는데도 모르겠어? 우린 사람들에게 자신의 비밀을 털어놓게 할 거야. 다른 사람에게는 절대로 발설할 수 없는, 자기만이 알고 있는 비밀을 이야기하도록 하는 거지. 다만 익명으로 비밀을 말하기 때문에 절대로 그 비밀의 주인공이 누구인지 알 수는 없는 것이지. 사람들은 대중에게 무거운 비밀을 털어놓음으로써 마음의 짐을 덜 수 있을 거야. 즉, 세상과의 소통을 통해 감정을 해소하는 것이지!"

"그렇다면 아날로그적 방법이라는 것은 어떤 걸 말씀하시는 거죠?"

"우리에게 엽서를 보내도록 하는 거야! 우리는 그 엽서들을 모아 전시회를 열고!"

아이디어가 떠오른 프랭크 워런은 주저하지 않고 계획을 실행에 옮겼다. 프로젝트명은 '포스트시크릿(PostSecret)', 우리말로 '비밀 엽서'라는 뜻이었다. 이 '비밀 엽서' 프로젝트는 아주 간단한 것이었다. 프랭크 워런은 3천여 장의 우편엽서를 뉴욕의 지하철역이나 미술관, 도서관 등의 공공장소에 뿌려 두고는 사람들에게 우편으로 보내 줄 것을 요청했는데, 우편을 보내는 데는 세 가지 간단한 조건이 제시되었다.

1. 익명으로
2. 당신 최고의 비밀을
3. 최대한 창의적으로 제작해서 보내 주세요.

하지만 주변 사람들은 이 프로젝트에 대해 대부분 회의적이었다. 얼마나 많은 사람들이 그 행사에 동참할지 알 수 없었을 뿐만 아니라, 메신저나 이메일 등의 편리한 전자 통신 시스템이 발달한 시대에 누가 구시대의 유물인 우편엽서를 보내겠느냐는 것이었다. 배부해 놓은 엽서의 절반도 채 돌아오지 않을 것이라는 의견이 지배적이었다.

"프… 프랭크! 이것 좀 보세요. 엽서들이……."

"왜? 생각했던 것보다 너무 적게 도착했어?"

"그게 아니고 엽서가 수십만 장이나 왔어요. 우체국에서 불평을 할 정도로 많이 도착하고 있다고요!"

"수십만 장이라고?"

그들에게 도착한 엽서는 그들이 배부한 3천 장을 훨씬 뛰어넘은 15만 장이나 되었다. 사람들은 스스로 엽서를 제작하여 그들의 비밀을 프랭크의 팀에 보내온 것이었다. 창의적으로 엽서를 제작해 달라고 했기에 사람들이 보낸 엽서는 사진을 오려

붙인 것, 글자를 하나하나 잘라 낸 것, 바늘과 실로 꿰맨 것 등 실로 다양하여 그 자체만으로도 예술 작품 같았다.

　- 레스토랑에서 내가 주문했던 파스타에 머리카락을 몰래 넣은 적이 있어. 그때 갑자기 파스타보다 감자튀김이 먹고 싶었거든.
　- 난 친구들을 얼마나 사랑했었는지를 기억하기 위해 그들의 작은 물건을 훔쳐요.
　- 그는 제가 지은 죄 때문에 2년을 감옥에 있었어요. 그리고 아직도 9년이나 남았어요.

보내온 엽서의 내용들은 실로 다양한 종류의 비밀이었고, 프랭크 워런은 이 엽서들을 모아 전시회를 개최하고 '비밀 엽서'란 제목의 책으로도 출간하였다. 사람들은 처음엔 모두 타인의 비밀을 들여다보는 호기심으로 전시장을 찾아왔지만 다른 사람들의 비밀을 접하고 난 후의 반응은 놀랍게도 똑같았다.
　'다른 사람들의 비밀을 통해 나 자신을 들여다볼 수 있었다.'
　그리고 이 비밀 엽서 프로젝트가 시행된 후 놀랍게도 뉴욕 시의 평균 자살률이 급감했고 그 공로로 프랭크 워런은 미국 정신건강협회로부터 특별상을 받게 되었다. 프랭크 워런은 이 엽서들을 '그래픽 하이쿠'로 명명하고, 인간의 내면에 분출하고 싶은 욕구를 표현하고 해소하는 가장 효과적인 예술이라고 설명하였다. 또 이 현상에 대해 심리학계에서는 단지 자신의

비밀을 누군가에게 털어놓는 행위가 자연스럽게 세상과 소통하게 만들었다고 설명하기도 하였다. 한 사람의 작은 아이디어로부터 시작된 이 '비밀 엽서' 프로젝트는 한 개인을 세상과 소통할 수 있게 이끈 원동력이 되었던 것이다.

공중전화기로 전하는 따뜻한 사랑의 말

미국의 영상 제작 아티스트인 맷 애덤스(Matt Adams)는 어느

한 애기들~소통, 관계 키우기

: 디지털 시대에 아날로그로 세상과
소통하다

날 친구와 뉴욕의 거리를 걷다가 현대의 도심 속에서 이제는 낯선 풍경이 되어 버린 공중전화 부스를 발견하고는 옆에 있던 친구에게 말했다.

"뉴욕의 길거리 여기저기에는 여전히 공중전화가 많지만 휴대폰이 발달한 지금은 사용하는 사람이 거의 없어졌어. 예전에는 누군가에게 전화를 걸기 위해서는 길게 늘어진 줄의 맨 뒤에 서서 앞사람들의 통화가 끝나기만을 기다리며 동전을 만지작거리곤 했는데 말이야."

"맞아, 생각해 보면 그렇게 기다리는 동안 상대방에게 무슨 말을 할까를 고민하면서 그 사람에 대해 더 많이 생각할 수 있었던 것 같아. 하지만 지금은 휴대폰을 꺼내기만 하면 바로 통화가 가능하니 그런 낭만이 사라져 가고 있어. 자네 요즘 새로운 전시 기획을 하고 있다고 하지 않았나? 저 공중전화를 이용해 보는 것은 어때?"

"공중전화를?"

"응, 저 공중전화를 조금만 꾸미면 멋지고 아름다운 작품이 될 수도 있지 않을까?"

이후 맷 애덤스는 친구와의 대화를 떠올리며 공중전화가 있는 곳을 찾아다녔다. 공중전화를 테마로 한 새로운 기획전을 열 수 있을 것 같은데 마땅한 아이디어가 떠오르질 않았다. 친구의 말대로 공중전화를 다양하게 꾸며 놓는 것은 너무 단순한 방법이었고 그렇다고 해서 딱히 다른 좋은 방안이 떠오르질 않았다. 그러던 중 그는 한 여성이 공중전화를 사용하는 것을 우연히 보게 되었다.

한 손으로는 수화기를 귀에 대고 다른 손으로는 수화기의 줄을 만지작거리며 수줍게 웃는 그녀의 표정을 본 맷 애덤스의 눈이 번쩍 띄었다.

'휴대폰으로 통화하는 사람들 중에 저렇게 행복한 표정을 짓는 사람은 거의 본 적이 없어. 저런 행복한 표정은 공중전화이기 때문에 가능한 것이 아닐까? 그래, 바로 저 공중전화를 활용해 보자. 공중전회를 통해 사람들에게 옛날의, 그 설레는 마음을 되찾아 주는 프로젝트를 해야겠어!'

한 여성이 통화하는 모습에서 영감을 얻은 맷 애덤스는 'Call Someone You Love(사랑하는 누군가에게 전화해 보세요.)'라는 프로젝트를 시행하였다. 그는 공중전화 몇 개를 예쁘게 단장한 후 프로젝트명과 같은 문구인 'Call Someone You ♥(Love)'를 공중전화 부스 위에 붙였다. 하지만 문제점이 하나 있었다.

'이런, 공중전화로 통화를 하기 위해서는 동전이 필요한데 요즘 사람들은 주머니에 동전을 잘 갖고 다니지 않잖아. 그렇다고 해서 동전을 일일이 나누어 주는 것은 프로젝트의 취지에 맞지 않는 느낌이고……, 이를 어쩌지?'

고민 끝에 맷 애덤스는 공중전화 부스에 동전을 테이프로 매달아 두었다. 통화를 하고 싶은 사람은 그 동전을 떼어서 사용하면 되었다.

모든 준비가 완료된 그는 공중전화 근처에 카메라를 설치하고 사람들의 반응을 기다렸다. 오가는 사람들은 예쁘게 꾸민

: 디지털 시대에 아날로그로 세상과
소통하다

누군가와 소통을 한다는 것은
우리 삶에서 매우 중요한 일이고
그 소통의 기회는 작은 용기에서 시작된다.

공중전화와 그 위에 쓰여 있는 문구를 보고 호기심을 나타냈지만 사용하는 사람은 거의 없었다. 그렇게 한나절이 지나가고 이 프로젝트는 실패한 것인가 하는 생각이 들 때쯤에 한 여성이 어린 딸과 함께 나타났다.

"엄마, 저게 뭐예요? 사랑하는 누군가에게 전화를 걸어 보라고 쓰여 있어요."

"저건 공중전화란다. 휴대폰이 없을 때에는 다른 사람과 연락을 할 때 많이 사용했었지."

"저 전화는 사랑하는 사람한테만 쓰는 건가 봐요. 엄마, 나 저걸로 아빠한테 전화하고 싶어요."

"오, 그래? 그럼 우리 아빠한테 전화 한번 해 볼까?"

어린 소녀는 작은 손으로 아빠의 전화번호를 눌러 통화를 시작하였다.

"아빠! 저예요. 여기는 지금 공중전화인데, 사랑하는 사람과 통화할 수 있는 전화예요. 그래서 난 아빠에게 전화했어요."

아빠에게 사랑스럽게 전화하는 소녀와 그 소녀를 흐뭇하게 바라보는 엄마의 모습에 사람들은 가던 발길을 멈추기 시작했다. 그리고 곧 많은 사람들이 그 공중전화로 몰려들었다.

"뉴욕으로 이사 와서 엄마에게 전화를 한 지가 벌써 반년이 넘어서 미안해요. 제가 엄마를 정말 사랑하는 것 아시죠?"

"사랑하는 줄리아, 지금껏 내 마음을 숨기고 고백을 하지 못했는데 오늘은 용기를 내서 전화를 했어. 나와 함께 오늘 저녁 식사를 할 수 있겠니?"

착한 애기들~노동, 함께 하부심?

: 디지털 시대에 아날로그로 세상과
소통하다

사람들은 너도나도 공중전화 앞에 줄을 섰고, 가슴속에 담고 있던 사랑의 마음을 누군가에게 전달하기 시작했다. 통화를 하는 사람도 또 그 모습을 바라보며 기다리는 사람들도 모두 입가에 미소를 짓고 오랫동안 표현하지 못했던 자신의 마음을 전달할 수 있었다.

통화가 끝난 후 사람들은 맷 애덤스에게 이렇게 말했다.

"이 통화를 통해서 가끔 우리에게는 아날로그적인 정서가 필요하다는 것을 배웠어요. 그리고 누군가와 소통을 한다는 것은 우리 삶에서 매우 중요한 일이고 그 소통의 기회는 작은 용기에서 시작된다는 것을 깨달았어요. 누군가에게 전화를 걸 수 있는 작은 용기를 낼 기회를 마련해 준 당신에게 정말 감사하다는 말을 전하고 싶어요."

※ 다음 광고 속 상황이 자신에게도 익숙한 상황인지
아닌지 이야기해 보자. 이런 상황이 일상에서
빈번하게 발생하는 원인이 무엇인지 생각해 보자.

3부

나를 사랑하는 이들과 함께
멀리 함께 날아가겠다는 사람

— 고흐, 평화

제발 일주일만이라도 전쟁을 멈춰 주세요

— 디디에 드로그바

드로그바, 코트디부아르의 영웅

2006년 독일 월드컵 본선 진출을 향한 아프리카 지역 예선이 막바지에 다다랐다. 아직 단 한 번도 월드컵 본선에 진출해 보지 못한 코트디부아르가 지역 예선 마지막 경기를 치르고 있었는데, 수단과의 이 마지막 경기에서 승리를 거두면 자력으로 월드컵 본선 진출을 확정 지을 수 있는 상황이었다. 코트디부아르의 모든 선수가 이번에야말로 월드컵 본선에 진출하겠다는 의지를 불태우고 있었다.

"오늘 마지막 경기에서 모든 것을 쏟아붓고 반드시 월드컵 본선에 나가자."

경기 전 선수들을 다독이는 감독의 이 한마디에, 마지막 경기를 앞둔 코트디부아르 대표 팀 선수들도 불타는 눈빛으로 화답하며 라커룸을 떠나 경기장으로 비장하게 나서고 있었다. 경기장으로 나서는 대표 팀에는 유럽의 명문 축구 클럽 첼시에서 당당히 주전 자리를 꿰차고 좋은 활약을 보여 주어 조국의 영웅으로 추앙받고 있던 디디에 드로그바(Didier Drogba, 1978~)가 끼어 있었다. 드로그바의 눈빛은 매섭게 빛났고 발걸음은 날듯이 가벼워 보였다. 경기가 시작되자 코트디부아르 선수들이 경기를 이끌며 상대 국가 수단의 선수들을 모든 면에서 압도했다. 결국 3대 1로 대승을 거두며 종료 휘슬이 울렸다.

"우리가 해냈다. 우리는 독일 월드컵으로 간다."

코트디부아르 선수들은 경기장에서 서로 부둥켜안고 환호하였고 관중석에 자리한 자국민은 물론, 텔레비전 중계를 지켜보던 코트디부아르의 온 국민이 열광했다. 이날은 코트디부아르의 축제의 날이었다. 이 경기에서 압도적인 기량으로 좋은 경기력을 보여 준 드로그바에게 인터뷰를 위해 중계진이 생중계 카메라를 들이댔다.

바로 그때였다. 인터뷰용 마이크를 잡아챈 드로그바가 갑자기 바닥에 무릎을 꿇고 주저앉았다. 그리고 카메라를 응시하며 이렇게 외쳤다.

"코트디부아르여, 단 일주일만이라도 전쟁을 멈춰 주세요."

드로그바의 갑작스러운 행동에 순간 당황하던 주위의 동료 선수들도 드로그바가 눈물을 글썽이며 외친 이 말의 의미를 이

하얀 색깔들—꿈꾸 편지, 빨강

: 제발 일주일만이라도
전쟁을 멈춰 주세요

내 알아채고는 함께 무릎을 꿇고 드로그바의 말을 따라서 외치기 시작했다.

"제발 전쟁을 멈춰 주세요."

코트디부아르 선수들의 이 외침은 생중계를 타고 전 세계로 퍼져 나가기 시작했다. 그리고 이날 드로그바의 행동이 그의 조국에, 그리고 그의 인생에 어떤 영향을 미치게 될지 드로그바 자신도 미처 예견하지 못했다.

기적처럼 전쟁이 멈추다

드로그바의 조국 코트디부아르는 과거에 프랑스의 지배를 받았다. 1960년대가 되어서야 뒤늦게 프랑스로부터 독립한 후에 경제적 자립에 성공하여 '아프리카의 기적'이라는 말을 듣기도 하였다. 경제적 자립의 일등 공신은 전 세계 생산의 40%에 육박하는 코코아였다. 그런데 독립 후의 코트디부아르의 초대 대통령 우푸에부아니가 1993년 사망하면서 30년 동안의 장기 통치가 막을 내리게 된다. 이때부터 정국에 크나큰 위기가 찾아왔다. 정치가 부패하고 경제가 몰락하면서 결국 2002년 9월 19일, 북부 내륙에 근거를 둔 반군과 남부 해안을 중심으로 한 정부군 사이에 내전이 발발한다. 코코아 수출에 대한 이해득실이 전쟁의 주된 원인이었다. 전쟁은 수 년 동안 끝나지 않은 채 2006년 독일 월드컵 예선이 벌어지고 있던 당시까지도 이어졌고, 70만 명의 난민이 발생하는 등 오랫동안 참혹한 고통을 겪고 있었다.

그런데 놀라운 일이 벌어졌다.

"우리 조국이 사상 처음으로 월드컵 본선에 진출하였소."

"조국의 영웅, 드로그바가 전쟁을 멈추어 달라고 전 세계에 호소하였소. 잠시 휴전을 하고 국가의 경사에 동참합시다."

코트디부아르의 영웅, 드로그바가 월드컵 본선 진출이 결정된 순간, 생중계 카메라 앞에서 극적으로 호소하는 모습에 정부군과 반군이 화답한 것이다. 참혹한 혈전을 벌이던 정부군과 반군이 마치 거짓말처럼 1주일 동안 전쟁을 멈췄다.

평화를 위해, 조국을 위해

종전을 위한 드로그바의 노력은 거기서 그치지 않았다. 그는 일주일의 휴전이 아니라, 전쟁이 완전히 끝나기를 바랐다.

'보잘것없는 나의 재능이 조국의 전쟁을 멈추게 하는 기적을 보여 주었다. 내가 할 수 있는 일이 더 있을지 몰라. 재단을 만들어야겠다.'

드로그바는 더 큰 이상을 품었다. 독일 월드컵 본선이 끝난 이후에 자신의 이름을 딴 '디디에 드로그바 자선 재단'을 설립하였다. 뚜렷한 재원이 있을 리 만무한 상황에서 재단은 드로그바 자신의 연봉으로 운영되었다. 드로그바는 재단을 통해 끊

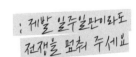

제발 일주일만이라도
전쟁을 멈춰 주세요

임없이 국제 사회에 종전을 호소했다.

드로그바의 그런 노력 덕택이었을까? 드디어 정부와 반군 사이에 평화 협정이 체결된다. 2007년 3월 그바그보 대통령과 반군 지도자인 기욤 소로가 평화 합의문에 서명하면서 5년여 동안 끌어오던 내전이 7월에 완전히 종료되었던 것이다. 이 소식에 드로그바는 눈물을 흘릴 정도로 기뻐했다. 어느 외신과의 인터뷰에서 드로그바는 이 평화 협정 체결을 두고 이렇게 말한다.

"그동안 수많은 트로피를 받아 보았지만 전쟁을 멈추고 평화를 가져다준 지금 이 순간이야말로 가장 영광스러운 트로피입니다."

드로그바는 이와 같이 조국의 평화를 위해 물심양면으로 헌신했던 영웅이다. 그는 축구 실력만으로도 전 세계에서 추앙받는 영웅이었지만 전쟁을 멈추게 한 그의 공로로 인하여 '검은 예수'라는 별명을 새로 얻었다.

"드로그바, 자네가 유엔의 친선 홍보 대사로 위촉되었다고 하더군."

친한 동료로부터 소식을 전해 들은 드로그바는 뛸 듯이 기뻤다. 드로그바는 친구에게 이렇게 말했다.

"아직도 내가 할 수 있는 일이 남아 있다니 정말 기쁘네."

코트디부아르의 내전이 멈춘 2007년에 드로그바는 유엔의 친선 홍보 대사로 지명되었다. 꾸준한 자선 활동을 통해 아프리카를 위로하고 아프리카 대륙 곳곳의 문제점을 전 세계에 알린 공로였다.

드로그바는 축구 선수로서의 기량도 꽃을 피워 그가 몸담고 있는 프리미어리그에서 최고의 활약을 펼쳐 나갔다. 그러자 각종 스포츠 용품과 음료 광고 모델 요청이 줄을 이었다. 2009년에는 펩시콜라의 광고 모델로 활동하며 받은 광고 출연료 300만 파운드 전액을 자신의 고향, 코트디부아르의 아비장에 현대식 종합 병원을 지어 달라며 건축 기금으로 기부했다. 당시 한화로 54억에 해당하는 거금이었다. 세간의 관심이 또 드로그바에게 향했다.

"어떻게 이렇게 큰돈을 흔쾌히 기부할 수 있었나요?"

뜨거운 언론의 관심에도 그는 늘 그러하듯이 담담하게 소신을 밝혔다.

"오랫동안 우리나라가 전쟁을 겪어 아픈 사람은 많은데 병원의 사정이 좋지 못해요. 무엇보다도 급한 것이 병원이라고 생각했어요. 저는 그동안 조국으로부터 많은 도움을 받았어요. 그 도움을 돌려줄 수 있는 최고의 방법은 아픈 사람들을 돕는 것이라고 생각해요. 또한 저는 유엔의 사절이기도 하니 그것은 저의 임무이기도 해요."

드로그바의 감동 일화는 꼬리에 꼬리를 물며 이어졌다. 그가 소속 팀 첼시를 떠나 2013-2014 시즌을 터키의 명문 팀 갈라타사라이와 계약을 맺고 터키 리그에서 뛰게 되었을 때의 일이다. 그해 터키 서부 지역에 있는 광산에서 폭발물이 터져 대형 화재가 발생하였다. 무려 300명이 넘는 사상자가 발생한 대형 참사로 이어졌다. 드로그바의 소속 팀 갈라타사라이는 희생

: 제발 일주일만이라도
전쟁을 멈춰 주세요

드로그바는 꾸준한 자선 활동을 통해
아프리카를 위로하고
아프리카 대륙 곳곳의 문제점을 전 세계에 알렸다.

자와 피해 가족들을 위해 자선 경기를 펼치는 등 대대적인 모금 활동을 펼쳐 나갔다. 드로그바는 한 게임도 거르지 않고 성실하게 자선 경기에 참여하고 모금 활동에 동참하는 것은 물론, 소속 팀과는 별도로 자신의 재산 100만 유로를 기부하며 희생자와 유족들을 위로하였다. 조국 코트디부아르를 위해 선행을 베풀 때와는 달리 자신의 선행이 널리 알려지는 것을 극도로 꺼리며 그의 지인에게 은밀히 전했던 말이 나중에 알려져 더 큰 감동을 주었다.

"화재로 인해 피해를 본 모든 분에게 제가 도움을 줄 수 있다면 최선을 다할 것입니다. 또 당연히 해야 할 일을 한 것뿐입니다. 이번 일과 관련하여 제 이름이 세상에 알려지는 것을 저는 원치 않습니다."

드로그바는 걸출한 축구 선수이다. 프리미어리그의 명문 구단 첼시를 챔피언스리그 우승으로 이끈 주역이었으며, FA컵, 정규 리그 우승 등 수없이 많은 우승 트로피를 들어 올렸다. 그리고 득점왕을 차지할 정도로 개인 기량도 뛰어났다. 그는 코트디부아르의 국가 대표로서도 맹활약하여 2002년부터 2014년까지 104경기에서 65골을 터뜨린 국가의 영웅이기도 하다.

축구 선수가 축구만 잘해도 사람들로부터 칭찬을 받고, 영웅 대접을 받는 시대이다. 드로그바는 뛰어난 축구 실력으로 사람들에게 큰 즐거움과 재미를 주는 사람이다. 그런데 그는 따뜻한 마음씨까지 지녔다. 그래서 그는 즐거움과 재미를 넘어 우리에게 '감동'을 준다.

: 제발 일주일만이라도
전쟁을 멈춰 주세요

※ 드로그바는 단지 축구만 잘한 것이 아니라 인류를 위해 공헌할 수 있는 일을 끊임없이 찾고, 행동으로 옮긴 선수이다. 아래 사진을 보고 드로그바가 어떤 캠페인에 참여한 것일지 추측해 보자.
(참고로 드로그바는 이 캠페인을 홍보하기 위해 실제로 축구화에 빨간 끈을 매고 경기를 뛰었다고 한다.)

story 8

과학이 무기를 만드는 데
이용돼서는 안 돼요

― 라이너스 폴링

끊임없이 읽고, 일하고

라이너스 폴링(Linus Carl Pauling, 1901~1994)은 어려서부터 '책벌레'로 불릴 만큼 많은 책을 읽었다. 거의 쉬지 않고 읽었다고 말해도 될 만큼, 그는 일상의 빈 시간을 모두, 책을 읽는 시간으로 채웠다. 시와 소설은 물론, 철학책, 역사책, 백과사전 등 읽지 않는 책이 없었다. 요컨대 그의 독서 습관에는 편식이라는 게 없었다. 이런 다방면의 독서 덕분에 폴링은 자신의 흥미를 일찌감치 발견할 수 있었다. 어느 때부터인가 과학책에 특별히 관심을 보이기 시작했던 것이다. 폴링의 이러한 화려한 독서 이력에 조력한 사람은 그의 아버지였다.

폴링의 아버지는 시골에서 영세한 약방을 운영하는 약사였다. 폴링의 아버지는 가난한 사람들을 위해 무료로 약을 조제하여 주는 등 선행을 베풀어 마을에서도 소문난 '천사 약사'였다. 그의 따뜻한 마음은 아들에게도 그대로 전해졌다. 폴링이 읽고 싶어 하는 책이라면 어떻게든지 구해서 아들에게 읽혔고, 더 좋은 책을 읽히기 위해 여러 사람의 자문을 구할 정도로 아들을 위해 정성을 다했다. 더욱이 아버지가 약사여서 여러 가지 화학 약품을 섞어 약을 조제하는 모습을 곁에서 지켜보며 폴링은 자연스럽게 화학에 관심을 가지게 되었다. 폴링이 화학에 점점 더 많이 관심 가질수록 아버지 역시 폴링이 화학자로서의 꿈을 키워 나갈 수 있도록 더 많이 힘쓰고, 더 많은 시간을 아들과 함께하였다. 아버지는 유년 시절 폴링의 스승이 되어주었다.

하지만 폴링의 아버지는 심각한 위궤양을 앓다가 어린 폴링을 남겨 두고 젊은 나이에 세상을 떠나게 되었다. 하루아침에 가족의 생계를 책임져야 하는 폴링은 우유 배달을 시작했고, 또 고등학교를 졸업하고 나서는 곧바로 공장에 기계공으로 취직하였다. 방학에는 좀 더 보수가 나은 건설 현장을 찾아가 일하기도 하였다. 대학에 들어가기 전까지 이렇게 갖가지 일터를 전전하며 가족의 생활비를 대고 학비를 마련하면서 청소년 시절을 보내야만 했다. 하지만 이렇게 어려운 상황 속에도 폴링은 자신의 꿈을 한순간도 잊은 적이 없었다. 주경야독(晝耕夜讀)하여 열심히 생활한 덕분에 남들보다 서너 배는 더 고생을 해서 대학에 입학하였고, 입학한 후에도 기숙사에 들어가 장작을 패고 청소를 하는 등 잡일을 했다. 그는 끊임없이 공부하고, 쉬지 않고 일했다.

세상의 모든 물질은 어떤 구조로 이루어졌을까?

폴링은 어려서부터 아버지와 함께 했던 갖가지 실험을 통해 화학에 관심이 있었다. 대학에 가서도 그는 여러 가지 물질의 구조를 밝히는 데 관심이 있었다. 대학에서 공부하는 내내 그의 머릿속을 맴도는 생각은 오로지 한 가지였다.

'세상의 물질은 어떤 구조로 이루어졌을까?'

폴링의 열정에 감탄한 대학의 지도 교수는 그를 총애하였다. 곧 조교로 발탁되어 지도 교수의 연구를 돕는 등 차근차근 화학도의 꿈에 다가가고 있었다. 어느 날 폴링의 소논문을 본 지도 교수가 이렇게 말했다.

"폴링, 자네는 열정은 물론이고, 화학에 대한 이해가 남다르네. 다음 학기부터 화학 기초 강의를 맡아 주게."

"네? 교수님. 제가 강의를 한다고요?"

폴링은 너무나 기쁜 나머지 가슴이 팔딱팔딱 뛰었다.

"아직 대학생이지만 자네 실력이라면 신입생을 가르치는 데는 전혀 손색이 없을 거야."

"제가 좋아하는 화학을 누군가에게 가르칠 수 있어서 정말

화학 세계로부터 평화까지

94

: 과학이 무기를 만드는 데
이용돼서는 안 돼요

기쁩니다."

"자네는 마치 화학을 위해 태어난 사람 같군."

폴링의 환한 얼굴을 보며 지도 교수도 흐뭇해하였다.

폴링은 1922년 대학을 졸업한 뒤에 화학 분야의 권위 있는 학자들이 많이 모여 있는 캘리포니아 공과 대학의 대학원에 입학했다. 그곳에서 물질을 이루는 요소인 '원자'에 대해 깊이 연구하기 시작했다. 폴링은 자신이 생각하는 원자 모형을 증명하는 과학적인 근거를 찾기 위해 오랫동안 연구했다. 1931년, 그가 꾸준히 노력하여 찾아낸 화학 법칙들을 정리한 논문을 세상에 내놓았다. 논문을 본 화학자들의 칭찬과 기대가 이어졌다.

"화학 결합의 원칙을 밝혔으니 이제 화학 분야의 발전이 무궁무진하겠군."

"이제 인간은 이것을 이용하여 무슨 물질이든지 자유자재로 만들 수 있게 되었어."

폴링의 논문은 당시의 과학계가 흥분했을 정도로 매우 훌륭했다. 화학 결합이 어떻게 이루어지는지, 분자의 구조는 어떻게 분석될 수 있는지, 그 원리들을 자세하면서도 누구나 알기 쉽게 설명하였다. 그가 발표한 논문을 바탕으로 출간된 『화학 결합의 본질』은 지금까지도 일반인도 읽을 수 있을 정도로 유명한 베스트셀러이다. 그는 이 논문 한 편만으로 그 당시 이미 특급 화학자의 반열에 오르게 된다. 그해에 폴링이 미국에서 가장 유망한 젊은 화학자에게 주는 '랭뮤어' 상을 차지한 것은 너무나도 당연한 일이었다.

전쟁은 이제 그만

2차 세계 대전이 막바지에 다다른 1945년 8월의 어느 날. 일본의 도시 히로시마에 원자 폭탄이 터졌다. 일본은 무조건 항복을 하고 드디어 전쟁은 종지부를 찍는다. 미국 전역이 축제 분위기에 휩싸일 정도로 전쟁에서의 승리는 사람들에게 이루 말할 수 없는 기쁨이었다. 그러나 단 한 사람, 그 기쁨을 온전히 누리지 못하는 사람이 있었다. 폴링은 승전의 기쁨보다 원자 폭탄의 무서움을 실감하였다.

'전쟁을 끝낸다는 미명하에 수많은 사람들을 죽게 만들었

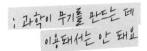
: 과학이 무기를 만드는 데 이용돼서는 안 돼요

어. 원자 폭탄은 인류를 파멸시킬 무서운 무기구나.'

일본에 떨어진 원자 폭탄이 수많은 사람을 살상하고 주변을 폐허로 만드는 장면을 목격한 폴링은 경악을 금치 못했다.

'전쟁이 끝나기만 하면 평화가 올 줄 알았는데, 정말 어리석은 생각이었어. 이렇게 많은 사람들을 희생시키는 과학은, 내가 생각했던 과학이 아니야. 과학이 사람을 해치는 데 사용되다니……'

하지만 이런 폴링의 생각을 비웃듯, 2차 세계 대전을 승리로 이끈 결정적인 무기가 원자 폭탄이었다고 생각한 미국 정부는 더욱 강력한 핵무기를 개발하는 데 박차를 가했다. 핵무기의 참상을 목격하고 충격을 받은 폴링은, 더 이상 인류 참상의 비극이 일어나서는 안 된다며 자신과 뜻을 같이하는 과학자들이 모인 '원자력 과학자 비상 위원회(Emergency Committee of Atomic Scientists)'에 가입하기에 이른다. 한자리에 모인 그들은 원자력의 평화적인 이용을 강조하며 자신들의 연구 성과가 전쟁에 쓰이는 것을 반대한다는 성명을 냈다. 그뿐만이 아니었다. 미국 전역을 순회하며 핵무기의 위험성을 알림과 동시에 미국 정부가 실시하는 핵 실험을 강렬하게 비난하는 강연을 했다.

미국 정부의 입장에서는 국민들을 대상으로 강연을 하며 핵 실험을 공공연히 반대하는 폴링이 곱게 보일 리가 없었다. 또 폴링이 과학자로서 학회에 참석한다는 핑계로 세계 곳곳에서 미국 정부를 비난할 것도 충분히 예상되었다. 이 모든 것을 우려한 미국 정부는 폴링에게 출국을 강제로 금지하는 조치를 취했다. 폴링은 이제 다른 나라로는 한 발짝도 움직일 수 없는 신세가 되어 다른 나라 과학자들과 학문적으로 교류할 수 없을 뿐만 아니라, 최신의 과학 지식을 접하는 데도 한계에 부딪히게 되었다. 요컨대 과학자로서의 손발이 꽁꽁 묶인 셈이 된 것이다.

그러나 다행히도, 폴링의 이런 감옥 아닌 감옥 생활은 오래가지 않았다. 1954년 10월 3일, 수십 년간 화학의 발전에 크게 기여한 공로를 인정받아 노벨 화학상 수상자로 선정된 것이 계기가 되었다. 폴링은 DNA 연구에도 일가견이 있었고 비타민C에 대해서도 흥미로운 연구를 속속 내어놓았다. 물론 앞서 원자의 비밀을 밝혀 원자 간의 결합 방식을 새로 규명하는 등 화학 결합의 본질을 밝힌 연구 결과가 노벨상 수상에 가장 결정적이었을 것이다.

폴링이 노벨 화학상 수상자로 결정되자 가장 당혹스러웠던 것은 미국 정부였다. 세계적인 과학자의 반열에 오른 그를 해외 곳곳에서 가만둘 리가 없었다. 그를 초청하려는 단체가 줄을 섰다. 이런 상황에서 언제까지고 출국을 금지할 수만은 없었다. 또 세계적 석학을 그렇게 묶어 두는 것도 국제적으로 망신거리라고 생각한 미국 정부는 결국 폴링의 출국 금지령을 풀수밖에 없었다. 몸이 자유로워진 폴링은 마음 놓고 세계 곳곳을 돌아다니며 강연도 하고 연설을 하면서 많은 사람들을 만났다. 폴링은 그럴 때마다 사람들 앞에서 빼놓지 않고 핵무기를 비판하고 인류의 평화를 주장했다.

: 과학이 무기를 만드는 데
  이용돼서는 안 돼요

"여러분, 과학은 전쟁이 아니라 평화를 위해 존재합니다. 그런데 과학 기술로 만들어 낸 핵무기가 인류의 평화를 위협하고 있습니다. 지금이라도 당장 핵 실험을 중단하지 않으면 미래의 인류는 큰 위기에 직면할 것입니다. 저는 핵무기의 위협에 맞서 끝까지 싸울 것입니다."

이러한 폴링의 진심 어린 노력에도 미국 정부는 핵 실험을 포기하지 않았다. 1954년에 미국이 비키니 섬에서 핵 실험을 강행하였는데 그 후유증으로 수 년 동안 많은 사람들이 고통에 시달린다는 보고가 줄을 이었다. 폴링은 즉각 비상 위원회를 소집하였다. 그는 동료 과학자들에게 급히 제안을 했다.

"여러분, 이대로 있어서는 안 됩니다. 인류를 지키려면 핵 실험만큼은 필사적으로 막아야 합니다. 핵 실험 방지를 위한 국제 협약을 맺자고 유엔에 청원서를 제출하는 것은 어떻습니까?"

"그것이 현재로서 우리가 할 수 있는 최선의 방법일 듯싶소."

"전 세계 과학자들에게 편지를 보내서 최대한 많은 사람들의 서명을 받아 냅시다."

폴링의 진심을 일찍이 알고 있던 동료 학자들이 흔쾌히 돕겠다고 약속했다. 이렇게 시작된 국제 청원 운동은 예상을 뛰어넘는 성과를 올렸다. 폴링의 편지를 받은 세계 곳곳의 과학자가 주변의 다른 학자들에게, 그 학자는 또 다른 학자에게, 이렇게 가지에 가지를 쳐 간 덕분에 폴링이 처음 보냈던 편지의 무려 15배에 해당하는 답장이 돌아왔던 것이다.

"인류에게 아직 희망은 있다. 양심이 살아 있는 과학자가 이렇게 많다니……."

폴링은 속속 도착하는 답장을 손에 쥘 때마다 감동하여 눈시울을 적셨다. 이렇게 세계 여러 나라에서 답장으로 보내온 청원서는 무려 1만 통을 훌쩍 넘었다. 폴링은 이 청원서들을 한 장 한 장 정성스럽게 정리하여 유엔 사무총장에게 전달하였다. 혹시나 하며 시작했던 청원 운동에 뜻밖에 많은 사람들이 동참해 주어 한껏 고무된 폴링은, 곧 가시적인 효과가 있을 것으로 확신하였다. 그런데 뜻밖에도 미국 정부의 반응이 강경하였다.

폴링의 목소리가 커지고, 실제로 국제적인 영향력을 가지게 되자, 미국 정부로서는 그의 날개를 꺾어야만 했다. 우선 그가 재직하고 있던 칼텍 대학교(캘리포니아 공과 대학교)에 압력을 넣어 그의 교수직을 박탈했다. 그에게 닥친 시련은 대학에서 쫓겨나 직장을 잃은 것으로 끝나지 않았다. 미국 의회는 그를 청문회에 소환하여, 소련을 위해서 일하고 있는 것 아니냐고 몰아붙이기도 했다. 소련은 당시 미국의 유일한 라이벌 국가이자 적대 국가였다. 폴링에게 인생 최대의 위기가 닥친 것이다. 그러나 폴링은 한 치의 흔들림 없이 청문회 위원들을 향해 외쳤다.

"나는 세계의 평화를 위해 일할 뿐, 특정 국가를 위해서 일하는 것이 아닙니다."

"그렇다면 왜 미국이 핵무기를 보유하여 군사력을 증대하고 세계를 지배하는 것을 왜 그토록 반대하는 것이오?"

: 과학이 무기를 만드는 데
이용돼서는 안 돼요

"과학은 인간에 유익해야 하는 것입니다. 당신들이 만들고 있는 핵무기는 인간을 파멸시키고 있지 않습니까? 내가 연구하는 과학은 인간을 위해, 그리고 평화를 위해서 사용되어야 합니다."

청문회는 끝이 났고 청문회에서 폴링이 보여 준 진심과 자신감은 오히려 그의 위상을 더 높여 줄 뿐이었다. 청문회 이후에도 폴링은 핵 실험 반대 운동을 활발히 전개해 나갔다. 핵 실험의 위험성을 알리는 글을 신문에 싣고자 하였으나 미국 정부의 방해로 모든 신문사와 잡지사가 그의 글을 싣기를 거부했다. 그러자 폴링은 핵무기의 위험과 방사능의 피해를 알리고, 평화를 위해 전쟁을 그만두자는 내용이 담긴 『전쟁은 이제 그만(No more war)』이라는 책을 자비를 들여 출간하기도 하였다.

핵 금지, 드디어 숙원을 이루다

그 무렵 미국의 대통령이었던 케네디가 각 분야의 유명한 학자들을 한자리에 초청하여 만찬회를 가지게 되었다. 세계적인 과학자였던 폴링도 초청을 받았다. 그런데 폴링은 연회장에 입장하지 않았다. 폴링은 연회장 바깥에 미리 모여 있던 많은 사람들을 향해 다음과 같이 말했다.

"대통령이 초청한 자리야말로 내 뜻을 전할 좋은 기회입니다. 다들 힘을 좀 내어 목청껏 외쳐 주십시오."

모두들 연회장에서 만찬을 즐길 때 폴링은 지인들과 함께 백악관 앞에서 피켓을 들고 반핵 시위를 펼쳤던 것이다. 그들은 피켓에 쓰인 글을 소리 내어 외치며 가두시위를 시작했다.

'대통령 각하, 우리는 핵 실험을 할 권리가 없습니다.'

'전쟁은 이제 그만!'

'핵 실험을 그만두어야 합니다.'

폴링과 그 뒤를 따르는 많은 사람들이 연회장 밖에서 미국 정부의 핵 실험을 반대하는 시위를 벌이고 있다는 상황 보고를 받은 케네디 대통령의 반응은 모든 사람들의 예상과 달리 폴링에게 우호적이었다.

"어떤 상황에도 굽히지 않고 자신의 의견을 당당히 밝히는 것은 언제 어디서나 가능한 일이며 옳은 일입니다. 그의 생각을 존중합니다."

폴링의 진심 어린 노력에 케네디 대통령이 마음을 움직였던 것일까? 케네디 대통령이 보인 이날의 반응은 불과 몇 년 후에 핵 실험 금지 조약을 맺는 쾌거로까지 이어지게 되었다. 1963

한없이 세계를 누르는 평화, 사랑

: 과학이 무기를 만드는 데 이용돼서는 안 돼요

년, 당시 핵 강대국이었던 미국과 영국 그리고 소련, 세 나라가 모스크바에 모여 '앞으로 핵 실험을 금지하자.'는 협약을 맺은 것이다. 이 소식을 들은 폴링은 감격했다.

"그토록 바라고 바라던 꿈이 드디어 이루어졌구나."

폴링에게는 그에 앞서 더 좋은 일이 있었지만 최초의 핵 협약이라고 할 수 있는 '핵 실험 금지 조약'이 맺어진 만큼 기쁘지는 않았다. 협약이 맺어지기 두 달 전에 폴링 라이너스에게 영광스러운 수상의 자리가 마련되었다.

'핵무기의 위험을 세상에 알리고 평화를 위해 싸운 양심적인 과학자 라이너스 폴링, 인류의 평화를 위해 반핵 운동을 평생 펼쳐 온 당신의 공로에 감사하며 노벨 평화상을 드립니다.'

폴링은 자신이 쌓아 온 과학자로서의 명예와 편안한 지위에 안주하지 않고 온갖 역경 속에서도 핵무기의 위험성을 알리고 인류의 평화를 위하는 데 꾸준히 노력하였다는 공로로 그해의 노벨 평화상 수상자가 되었던 것이다. '핵 실험 금지 조약'은 어느 날 하늘에서 툭 떨어지듯이 갑자기 이루어진 것이 아니라, 핵 실험 금지를 향한 폴링의 부단한 노력이 결실을 맺은 것이었다. 노벨 화학상과 평화상을 동시에 수상한 유일한 사람, 라이너스 폴링. 뒤로 미루어 둔 노벨 평화상 수상의 기쁨은, 그가 그토록 바라던 핵 실험 금지 조약이 맺어진 이후에야 비로소 만끽할 수 있었다.

생각
연습

※ 다음은 노벨상을 수상할 때 함께 받게 되는 메달의 앞뒤 모양과, 노벨상의 각 분야의 수상 기준을 표로 정리한 것이다. 이를 보고 자신이 제일 가치 있다고 생각하는(혹은 자신이 도전하고 싶은) 노벨상 분야는 무엇인지 선택하여 보고, 그것을 선택한 이유를 말해 보자.

공통 기준	인류에 가장 큰 공헌을 한 사람들
노벨 물리학상	물리학 분야에서 가장 큰 발견이나 발명을 한 사람
노벨 화학상	화학 분야에서 가장 큰 발견이나 발명을 한 사람
노벨 생리·의학상	생리학이나 의학 분야에서 가장 큰 발견이나 발명을 한 사람
노벨 문학상	문학 분야에서 가장 탁월한 이상주의적 경향의 작품을 쓴 사람
노벨 평화상	국가 간의 우애를 돈독히 하거나, 현존하는 군대의 폐지와 축소 및 평화 회담을 개최하고 주창하는 데 가장 큰 공을 세운 사람 또는 단체

축구를 통해 다 함께 잘 살 수 있는 방법을 생각하다

- 헐프리드

굶주림의 공포에서 함께 사는 법을 생각하다

"하느님, 제발 배고픈 저희를 살려 주세요."

"부자들은 저렇게 다양한 음식이 있어 잘 먹고 잘 사는데, 왜 우리만 이런 고통을 받아야 하나요?"

1845년, 감자의 역병인 '잎마름병'이 돌면서 아일랜드 사람들에게 큰 재앙이 닥치게 되었다. 그 당시 아일랜드의 소작농들은 대부분 감자를 주식으로 삼고 있었는데, 7년이나 계속된 이 감자잎마름병으로 주식인 감자를 수확하지 못해 100만 명이상이 굶어 죽고 100만 명 이상이 낯선 땅으로 이주하게 된 것이다. 이를 '아일랜드 대기근'이라 한다.

대기근 당시 소년이었던 앤드류 케린스는 이웃을 비롯한 주변 사람들이 굶어 죽는 것을 생생히 목격하였다. 특히 부자들은 소작농들이 굶어 죽는 것을 보고도 도움을 주지 않고 성안에서 호의호식하는 것을 보고 분노와 탄식을 금할 수가 없었다.

'서로가 가진 양식을 조금씩만 나누어 준다면 이렇게 많은 사람이 굶어 죽는 일은 없었을 것이다. 사람들이 모두 잘 사는 세상을 만들 수는 없는 것일까?'

이러한 의문이 어린 소년의 가슴속을 가득 채우고 있었다.

대기근의 재앙이 지나가고 24살이 된 청년 앤드류는 마리아 형제회(Marist Brothers)에 입문해 월프리드(Walfrid, 1840~1915)라는 새 이름을 받고 수사(修士)의 길을 걷기 시작한다.

"자네는 왜 성직자의 길을 걷고자 하는가?"

월프리드가 처음 수사가 되었을 때 원로 성직자가 물었다.

"저는 대기근을 겪으며 공생의 중요성을 깨달았습니다. 신의 말씀을 전달하며 아이들을 가르치고 동시에 굶주린 자들을 도우며 살아가기 위해 이 길을 택했습니다."

한 마디 한 마디에 힘을 주어 대답하는 월프리드의 눈은 확고한 신념으로 가득 차 있는 것 같았다. 원로는 그의 말을 듣고 가만히 고개를 끄덕였다. 그 이후 월프리드는 한결같은 마음으로 성직자의 길을 충실하게 걸었고 중년의 나이가 되었을 때 그는 스코틀랜드의 글래스고 지역으로 건너와 그곳의 신학교인 '세이크리드 허트 스쿨'의 교장직을 맡게 되었다. 글래스고는 대기근 당시 아일랜드에서 이주해 온 사람들이 많이 살고

착한 생각들—그건 타와 축구

: 축구를 통해 다 함께 잘 살 수 있는 방법을 생각하다

있는 곳이었다.

"오늘따라 학생들의 얼굴빛이 더 안 좋아 보입니다. 아직도 식사를 제대로 하지 못하는 학생들이 많은가요?"

아이들답지 않게 생기가 없는 학생들을 보며 월프리드는 걱정스러운 얼굴로 교사들에게 물었다. 교사들 역시 걱정스러운 얼굴이었다.

"결식아동이 해마다 늘어 가고 있습니다. 대부분 가정 형편이 어렵고 또 노인들이 있는 집은 아이보다 노인을 먼저 챙겨야 하니 끼니를 제대로 때우지 못한 채 학교에 오는 아이들이 많습니다."

"굶고 있는 아이들이 학교에서 수업을 마음으로 받아들일 수 있겠습니까. 참으로 안타까운 일입니다."

참담한 현실에 모두 아무 말도 할 수 없었다. 이때 월프리드는 가난한 사람들을 위해 좋은 일을 많이 한다고 알려진 '바오로의 성 빈첸시오회'라는 후원 단체를 머릿속에 떠올렸다. 월프리드는 주저하지 않고 백방으로 수소문을 하여 그 단체를 찾아 나섰다. 간신히 후원 단체를 찾아간 월프리드는 학생들의 어려움을 간곡히 설명하였고 노력 끝에 후원 난체와 협약을 맺어 '결식아동 저녁 식사 후원회'를 결성할 수 있었다. 월프리드의 노력으로 끼니를 걸러 힘들어하는 글래스고 지역의 학생들과 몇몇 노인들의 저녁 식사를 지원할 수 있게 되었다. 그런데 뜻하지 않은 일이 벌어졌다.

"교, 교장 선생님. 큰일입니다. 저녁 시간이 다 되었는데 학생들이 대부분 참석하지 않고 있습니다."

식사 지원 행사가 시작된 첫날, 담당 교사가 헐레벌떡 뛰어와 월프리드에게 말했다. 그 말을 들은 월프리드는 고개를 갸웃거리며 의아해했다.

"식사를 걸러 배고픔에 지친 아이들이 그렇게 많았는데 왜 다들 오지 않는 것입니까?"

"그게, 저 아무래도 부모님들이 보내지 않는 것 같습니다."

"부모님들이오? 가장 기뻐해야 할 부모님들이 왜 아이들을 보내지 않는다는 말입니까?"

"아일랜드 이주민들은 자존심으로 똘똘 뭉친 사람들이라 다른 사람에게 무언가를 거저 받는 것을 수치스럽게 여겨서 그

착한 생각들로 뭉친 뜨거운 날들

: 축구를 통해 다 함께 잘 살 수
있는 방법을 생각하다

럴 것입니다."

"아이들이 굶고 있는데 자존심이라니요. 이런 한심한……."

난감해진 월프리드는 발을 동동 굴렀지만 해결할 방법은 하나밖에 없었다. 월프리드는 직접 학부모들을 찾아가 간곡한 말로 설득하였고, 교장이 직접 나서 설득을 하니 완강했던 학부모들도 점차 마음이 풀어져 많은 학생들이 급식을 후원받을 수 있게 되었다.

축구의 인기를 실감하다

월프리드는 활발한 성격과 뛰어난 운동 신경을 갖고 있었는데, 하루는 교정을 거닐다 운동장에서 학생들이 이리저리 몰려다니며 공을 차는 모습을 보게 되었다. 축구를 하고 있는 것이었다.

"너희들, 축구를 할 줄 아는구나! 축구가 그렇게 재밌니?"

"네, 교장 선생님! 축구는 정말 재밌어요! 발로 공을 몰아서 상대편의 골대 안에 더 많이 넣는 팀이 이긴다는 규칙은 간단한데 실제로 해 보면 엄청 재미있어요."

당시 노동자들 사이에서 퍼지고 있었던 새로운 운동인 축구는 어른들에게는 고된 노동의 스트레스를 풀 수 있는 스포츠의 하나로 자리 잡고 있었고, 아이들에게는 재밌는 놀이였다. 아이들의 축구 사랑을 확인한 월프리드는 축구에 관심 있는 학생들을 모아 유소년 축구팀을 조직하였고, 직접 운영을 하였다. 거의 다 빈민층의 자녀들이라 대부분 집안일을 도와야 했지만 시간이 나는 대로 연습과 경기에 참여하였다.

"선생님, 우리도 축구 경기 보러 가요. 스코티시컵 경기가 지금 한창인데 저희도 프로들의 경기를 꼭 보고 싶어요."

"그래, 실력 있는 사람들의 경기를 직접 보는 것도 좋겠지."

아이들의 끈질긴 요청에 축구 경기를 관람하고자 경기장을 방문한 월프리드는 놀랄 수밖에 없었다. 그 당시의 축구 경기장은 넓은 공터에 사람들이 앉을 수 있는 관중석을 몇 개 마련해 놓은 수준에 불과했는데, 스탠드가 사람들로 가득 찼을 뿐만 아니라 그 열기가 대단하여 모든 사람이 경기에 몰입하여 즐기고 있었다. 월프리드는 스코틀랜드에서 축구의 인기가 정말 엄청나다는 것을 실감할 수 있었다.

'단순한 운동 경기로 이렇게 많은 사람을 불러 모으고 흥분시킬 수 있다니…… 그래 바로 이거야!'

월프리드는 축구라는 스포츠가 갖고 있는 파급력을 미리 내다보았다. 그는 한 가지 아이디어를 떠올렸다.

'우리 글래스고 지역에도 축구 경기를 더욱 활성화하기 위해 프로 구단을 조직해야겠어. 그렇게만 된다면 투자자들이 모일 것이고, 경기에 따른 수익은 물론이고 후원금이나 기부금도 받을 수 있을 거야. 그럼 대부분 빈곤하게 살고 있는 사람들에게 도움을 줄 수 있겠지? 축구를 통해 모두가 잘 살 수 있는 지역을 만드는 거야!'

: 축구를 통해 다 함께 잘 살 수 있는 방법을 생각하다

아이디어를 떠올린 윌프리드는 즉시 글래스고 지역 의회의 소집을 요청하였고, 자신의 생각을 강하게 주장하였다. 하지만 지역 사회의 반응은 냉담했다.

"수사께서 제출하신 보고서는 잘 읽어 보았습니다. 음…, 축구의 인기가 점점 높아지고 다른 지역에서 이미 클럽을 결성하여 조직화하고 있다는 점은 인정합니다. 하지만 상업 도시라고는 해도 대부분 노동자들이 모여 있고 빈민층이 많은 우리 글래스고에 프로 축구 구단을 창단한다는 것은 모험과도 같은 일입니다. 투자자가 쉽게 모이지 않을 겁니다."

"아닙니다! 여러분께서는 축구의 잠재력을 아직 잘 모르십니다. 프로 구단을 설립하자고 주장하는 것은 단지 경제적인 이유 때문만은 아닙니다. 축구에는 사람들을 결속시키는 엄청난 힘이 숨어 있습니다. 우리 지역만의 축구 구단을 설립하여 활성화한다면 경제적 이익을 창출할 수 있을 뿐만 아니라 지역 주민들을 결속시킬 수 있고, 그렇게 된다면 지역 빈민을 위한 각종 모금 활동도 더욱 활발해질 수 있을 것입니다. 에든버러 지역의 하이버니안 구단도 지금 우리와 같은 길을 걷고 있고 축구단을 중심으로 지역 경제가 살아나고 있습니다."

"빈민 구제를 위해 축구 구단을 설립하자는 수사님의 의견이 흥미롭긴 하지만 아무리 생각해 보아도 현실성이 부족한 것 같습니다. 전례도 부족하고요. 솔직히 말씀드려서 수사님이 존경받는 성직자이고 저명한 교육자가 아니셨다면 이 회의는 열리지도 않았을 것입니다. 오늘은 이만 돌아가셔야 할 것 같습니다."

이후에도 윌프리드는 여러 번 회의를 소집하여 프로 구단의 창단을 주장하였지만 축구의 잠재력을 알지 못하는 사람들에게 새로운 도전을 강요하는 것은 쉽지 않은 일이었다. 하지만 윌프리드는 자신의 생각이 헛된 것이 아니라고 확신하였기에 결코 포기하지 않았다.

윌프리드의 주장은 계속해서 묵살당했지만 프로 축구의 인기는 점점 높아만 갔다. 영국 전역을 강타하고 있는 축구의 인기는 글래스고에서도 몸으로 느껴질 만큼 성큼 다가와 있었고 아일랜드 이주민들 사이에서도 지역의 명문 구단이 있었으면 좋겠다는 의견들이 나오기 시작하였다.

"호외요, 호외. 에든버러의 하이버니안이 스코티시컵 결승전에서 우승이오! 우승!"

1887년 스코티시 결승전에서 하이버니안이 모두의 예상을 뒤엎고 우승을 거머쥐자, 영국 축구계가 발칵 뒤집어졌다. 축구 팬들은 신흥 강자인 하이버니안 구단을 보기 위해 에든버러로 몰려들었고, 구단을 위해 투자를 하겠다는 사람들도 줄을 이었다. 이런 상황이 되자 프로 축구단을 설립하지 않는 것에 대해 글래스고 사람들의 불만이 점점 커져만 갔고 지역 대

축구를 통해 다 함께 잘 살 수 있는 방법을 생각하다

표 회의에서는 축구단을 설립해야 하는가에 대한 격렬한 논의
를 벌였다. 결국 시대의 흐름에 따라 프로 축구단을 설립하자
는 의견이 우세하게 되었다. 하지만 문제가 하나 있었다.

"축구단을 만들기 위해서는 조직 위원회가 필요합니다. 그
대표를 맡을 사람으로 누가 좋겠습니까? 중요한 역할이니 능
력 있는 사람이 반드시 필요합니다."

모두 한 사람의 얼굴을 바라보았다. 누구나 같은 생각을 하
고 있었던 것이다.

"안 됩니다. 저는 성직자입니다. 수사의 신분으로 어떻게 프
로 축구단의 조직 위원장을 맡을 수가 있겠습니까."

"그래도 수사님은 우리 지역에 프로 축구단을 설립해야 한
다고 계속해서 주장해 왔고, 유소년 축구팀을 비롯해 여러 팀
의 지도 경력이 풍부하기 때문에 그 일을 실행에 옮길 만한 능
력과 영향력을 모두 갖추고 있습니다. 수사님보다 더 나은 사
람이 누가 있단 말입니까."

"제가 주장한 것은 우리 지역에 축구단이 필요하다는 것뿐
이었습니다. 저는 성직자로서 본분을 다해야 할 의무가 있습니
다."

월프리드가 완강하게 거부 의사를 밝히자 사람들은 곤혹스
러워했다.

"그럼, 이렇게 하시죠. 수사께서 공식적으로 위원장의 직책
을 맡을 수는 없겠지만 자문 위원의 형식은 어떻겠습니까? 그
정도면 괜찮을 것이라 생각합니다. 수사님을 자문 위원으로 모

BROTHER WALFRID

시고 실질적인 지휘를 받도록 하겠습니다."

사람들의 계속된 부탁에 월프리드는 잠시 침묵에 빠졌다. 사람들은 긴장 속에 월프리드의 다음 말을 기다렸다.

"좋습니다. 대신 한 가지 조건이 있습니다."

"네, 맡아만 주신다면 어떤 조건이든 받아들이겠습니다."

"저의 처음 주장대로, 축구단을 조직하고 나면 그 수익금의 일부를 반드시 지역의 빈민을 위한 자선 사업에 기부해야 합니다. 제가 축구단을 조직하고자 한 목적은 스포츠를 통해 지역 주민들 모두가 함께 잘 사는 곳을 만들고 싶기 때문이었음을 잊지 마시기 바랍니다. 그 조건만 수락해 주신다면 제 힘이 닿는 데까지 도와 드리겠습니다."

"네, 그 점은 저희들도 이미 공감을 하고 있습니다. 최대한 수사님을 돕도록 하겠습니다."

이렇게 하여 월프리드의 오랜 노력 끝에 스코틀랜드 글래스고 지역에 아일랜드 이주민을 중심으로 한 프로 축구 구단이 탄생하게 되었으니 그 구단이 지금의 '셀틱(Celtic)' 구단이며 우리나라의 기성용 선수가 한때 활약했던 팀으로 유명한 축구 클

착한 생각을 굳은 믿음, 산

114

: 축구를 통해 다 함께 잘 살 수 있는 방법을 생각하다

럽이다. 셀틱은 창단 후 월프리드의 주장대로 경기를 통해 벌어들인 수익금과 각종 후원금, 기부금 등의 일부를 자선 사업을 위해 사용하였고 빈민가와 결식아동들에게 그 혜택이 돌아갔다.

　스포츠를 통해 모두가 잘 살 수 있는 세상을 만들고자 했던 월프리드의 노력은 셀틱 축구 클럽을 통해 세계만방에 알려져 많은 사람들의 존경을 받고 있으며, 셀틱 주경기장 앞에는 그를 기리기 위해 제작된 동상이 그의 숭고한 뜻과 함께 지금도 빛나고 있다.

※ 다음 자료는 한 기관에서 실시한 설문 조사 내용과 결과이다. 각 갈등 요소에 해당하는 사례들을 한 가지씩 찾아보고 자신이 생각하는 해결 방안을 이야기해 보자.

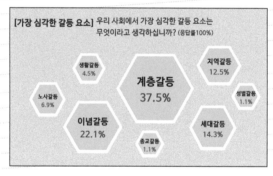

[사회갈등의 심각성]

1% ← 심각하지 않나

12.2% ← 보통이다

86.8% ← 심각하다

대한민국 사회의 갈등은 어느 정도로 심각하다고 생각하십니까? (응답률100%)

[가장 심각한 갈등 요소] 우리 사회에서 가장 심각한 갈등 요소는 무엇이라고 생각하십니까? (응답률100%)

생활갈등 4.5%

지역갈등 12.5%

노사갈등 6.9%

계층갈등 37.5%

성별갈등 1.1%

이념갈등 22.1%

세대갈등 14.3%

종교갈등 1.1%

4부

아동이 지켜야 할 것은
반드시 지켜가는 게가

— 가능, 교치를 조수

아버지도, 스승도 결코 예외일 수 없다

— 임종국

그의 인생을 바꾼 시 한 편

도서관에서 열심히 자료를 찾고 있는 청년 임종국(1929~ 1989). 그는 평소에 흠모하던 문학가 '이상'에 대한 자료를 모으고 있었다. 낮에는 도서관에서 그리고 밤에는 책상 앞에서 글쓰기를 반복하던 그가 1956년 3권짜리 『이상 전집』을 출간하게 되었다. 책은 출간되자마자 문단의 많은 관심을 받았다. 그의 나이 27살이었다. 이 책의 출간이 계기가 되었던지, 어느 날 S 신문사에서 사람이 찾아왔다.

"임종국 선생님이시죠? 저희 신문사에서 책 한 권을 기획하고 있는데, 일제 강점기를 살았던 한국의 기인(奇人)들, 그러니까 일제에 항거한 문인이나 예술가들의 일화를 조사하여 글로 옮기는 일입니다. 원고 집필을 부탁드려도 될까요?"

종국은 재미있는 기획이다 싶어 흔쾌히 승낙을 하고, 집필을 위한 자료 수집에 들어갔다. 자료 수집을 위해 신문을 뒤적이다가 우연히 1943년 11월 어느 일간지에 실린 시 한 편을 접하게 되면서 그의 인생이 달라진다. 그는 신문에 실린 시 한 편을 종이가 뚫어져라 쳐다보았다. 학도병에게 보내는 편지 형식의 이 시는 누가 봐도 노골적인 친일의 시였다. 종국은 보고서도 믿기지가 않아 얼음처럼 몸이 굳어 버렸다.

'내가 존경하던 이 시인이, 이런 시를 썼다고? 이게 말이 되는 일인가?'

1943년은 태평양 전쟁이 막바지로 치닫던 때였다. '일제의 마지막 몸부림과도 같은 전쟁터에 조선의 젊은 학생들이 가야 한다고? 한창 공부할 나이에 공부를 그만두고서라도 용감하게 전쟁에 참여하라고 부추기는 이 시의 내용이 정녕, 내가 알던 그 시인이 직접 써 내려간 것이 맞단 말인가?' 종국은 시 위에 선명하게 박혀 있는, 지은이 '서정주'라는 세 글자를 눈앞에 두고 한동안 망연자실(茫然自失)하고 있었다.

이후 종국은 친일파에 대해서 다시 생각하고, 또 생각하지 않을 수 없었다.

'대부분의 친일파는 친일의 행적을 숨긴 채 해방된 조국에서 떵떵거리고 살고 있다. 우리 조국은 지난날의 잘못을 모두 깨끗이 털어 내고 새롭게 출발해야 한다. 우리 민족에게 고통을

120

: 아버지도, 스승도
결코 베니일 수 없다

준 그들이 이 나라에서 후안무치하게 살도록 해서는 안 된다.'

그는 집필을 하는 중에 시간이 날 때마다 친일 행적이 의심되는 사람들의 자료를 모으기 시작했다. 이미 발간된 책이나 잡지, 신문들을 뒤졌다. 그렇게 자료들이 모아지고 있었다.

글을 쓰는 작가의 양심부터 먼저 따지다

1965년 어느 날이었다. 종국은 거리를 메우고 시위를 하는 학생들의 모습을 맞닥뜨렸다. 그들은 이렇게 외치고 있었다.

"굴욕적인 한일 회담 중단하라!"

그들의 시위를 지켜보던 종국은 생각에 잠겼다.

'해방이 된 지 이제 고작 20년밖에 되지 않았다. 일제의 어두운 그림자가 채 가시지도 않은 이때에 마치 아무 일도 없었던 양, 그들과 손을 맞잡겠다고?'

종국은 이해할 수 없었다. 사람들이 더 분노한 것은 당시 정권의 실세였던 고위 공직자 한 사람이 했던 말 때문이었다.

"제2의 이완용이 되는 한이 있더라도 한일 회담을 반드시 성사시키겠다."

이완용은 조선을 일본에 팔아넘긴 매국노였다. 그런 매국노의 이름을 거론하며 회담을 성사시키겠다는 고위 공직자의 발언을 신문에서 목격한 종국은 치를 떨며 신문을 구겨 던졌다. 온 나라가 온 힘을 다해 결사적으로 항쟁하였으나 안타깝게도

1965년 그해에 정권은 기어코 한일 기본 조약을 체결하고 말았다. 종국은 마침내 무엇인가를 결심한 듯 어디론가 발걸음을 재게 옮겼다. 그의 눈빛이 이글이글 타올랐다.

서울의 어느 대학교 도서관, 종국은 엄청난 분량의 책을 책상에 쌓아 놓고 빠르게 책장을 넘기고 있었다. 몇 년 동안 사람들의 손을 전혀 타지 않았던지 책들은 한결같이 먼지가 뽀얗게 앉아 있고, 종이의 색도 누렇게 바랬다. 한나절을 그렇게 책 더미 속에 파묻혀 있던 종국은 다음 날 또 다른 도서관을 찾았다. 이번에 찾은 곳은 대학 도서관이 아닌 국립중앙도서관이었다. 서가들 사이를 분주히 돌아다니며 여기저기서 책을 빼 들고 다시 전날처럼 책상 위에 책을 쌓았다. 그러고는 한 권씩 탐독하기 시작했다. 그렇게 하기를 또 한나절. 책 읽기를 마치고 도서관을 나서는 종국은 환한 표정으로 하늘을 쳐다보았다.

'내일은 아직 한 번도 가 보지 않은 ○○대학 도서관을 뒤져 봐야겠군.'

종국이 전국의 도서관을 찾아다니며 과거에 친일 행위를 했던 사람들의 자료를 모으기 시작한 것이다. 그리고 그 내용을 책으로 출간하여 세상에 발표할 예정이었다.

아버지를 어찌할꼬, 또 나의 스승은?

그러던 어느 날이었다. 대학 도서관에서 낡은 신문을 손에

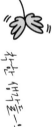

: 아버지도, 스승도
결코 메우일 수 없다

쥐고 읽던 종국의 눈가가 파르르 떨렸다. 종국은 더 이상 그 자리에 앉아 있을 수가 없었다. 그는 곧바로 집으로 달려갔다.

"아버지, 아버지!"

아버지가 방문을 열고 종국을 맞이했다. 그때 종국이 아버지 앞에 신문지를 펴 보이며 비장하게 말했다.

"여기에 아버지 이름이 있어요."

아버지는 이미 각오한 듯 종국의 앞에서 머리를 떨구었다. 종국이 내민 신문을 굳이 보지 않아도 무슨 내용인지 짐작이 갔다. 종국의 아버지, 임문호는 한때 독립운동에 앞장섰던 천도교 신자였다. 그런데 천도교가 일제 말기에 돌연 친일로 돌아서자 어쩔 수 없이 교단의 방침에 따라 친일 행위를 했던 것이다. 종국이 들고 온 신문에는, 천도교 간부였던 임문호가 조선 청년들을 대상으로 했던, 일본의 천황을 위해 전쟁에 참가하라는 연설 내용이 게재되어 있었다.

"아버지, 이제 저는 어찌해야 하나요?"

친일 관련 서적을 출간하려는 종국에게 자신의 아버지가 친일을 했다는 사실은 크나큰 충격이었다. 더욱이 자식 된 도리로 아버지를 친일파라고 세상에 알릴 수는 없지 않은가 말이다. 그런데 아버지의 입에서 뜻밖의 말이 나왔다.

"내가 빠지면 네가 쓰는 책은 역사 자료가 될 수 없다. 사실을 있는 그대로 써라. 아무것도 숨기지 마라. 내 잘못은 내가 책임져야 할 몫이다."

아버지의 말에 감동을 받고 용기를 얻은 종국은 생각이 확고해졌다.

'아무것도 숨기지 않으리라. 사사로이 기록하지 않으리라.'

결연하게 다짐을 한 종국이 아버지에게 깊고 깊은 목소리로 말했다.

"아버지, 죄송합니다. 그리고 감사합니다."

종국은 아버지에게 깊이 머리 숙이고, 다시 대문을 나섰다. 그가 향하는 곳은 또다시 책이 있는 도서관이었다. 멀리 사라지는 종국의 뒷모습을, 아버지는 대견하게 지켜볼 뿐이었다.

종국의 작업에 속도가 붙기 시작했다. 그런데 자료 수집이 계속될수록 친일 행위자의 수가 종국이 애초에 생각했던 것보다 훨씬 더 많아졌다. 직업군도 다양하고 친일 행각의 범위도 넓었다. 종국은 고심 끝에 다양한 직업군 중에 우선 글을 쓰는 작가들만으로 대상을 좁혀 보면 어떨까 하는 생각을 하였다. 일찍이 『이상 전집』을 출간할 정도로 문학에 남다른 조예가 있었고, 친일 문학에 대해 그동안 모아 온 자료도 꽤 많았기 때문에 내린 결정이었다.

자료가 모이고 결심이 서니 글을 쓰는 것은 일사천리로 진행되었다. 원고지 2천 매 분량의 글이 불과 8개월 만의 짧은 시간에 완성되었다. 탈고한 원고를 출판사에 넘기고 책이 출간되기만을 기다리고 있을 때 어느 날 출판사에서 연락이 왔다.

"임종국 선생님, 선생님 원고를 직접 교정해 주셔야겠어요."

출판사 사장의 다급한 목소리가 수화기 너머로 들려왔다.

"그게 무슨 말씀인가요?"

124

아버지도, 스승도 결코 메리일 수 없다

"죄송하지만 교정 담당자가 교정을 거부하고 있습니다."

어떻게 된 상황인지 의아했던 종국은 수화기를 내려놓자마자, 부랴부랴 출판사로 향했다.

출판사에서는 교정 담당자와 사장이 아직도 승강이를 벌이고 있었다. 출판사 현관으로 들어서는 종국을 보자마자 교정 담당자가 종국을 향해 하소연하듯 말했다.

"임 선생님이 쓰신 원고에, 저의 대학교 은사님 성함이 있습니다. 사람이 도리가 있지, 어떻게 스승을 친일파 목록에 올리는 일을 제 손으로 할 수 있겠습니까?"

"알겠소. 내가 직접 교정을 보리다."

담당자는 교정 원고를 종국에게 넘기고 출판사 문을 박차고 나갔다. 종국이 씁쓸한 표정으로 교정 원고를 받아 드는 모습을 말없이 지켜보던 출판사 사장이 종국의 팔을 붙잡고 읍소하였다.

"임 선생, 어떻게 안 되겠나? 그 한 사람만 목록에서 빼면 안 될까?"

"사장님, 담당자의 스승이라고 하는 분은 사실 저의 대학교 은사님이기도 합니다."

"뭐라고? 그게 정말이오? 아니 어떻게 그런 일이……."

"저의 스승을 제가 직접 친일파 목록에 올려야 하는데 어찌 마음 편하겠습니까? 저라고 해서 어찌 인간 된 도리를 모르겠습니까? 하지만 제가 하는 일은 사사로운 일이 아닙니다. 저는 역사적 사명을 가지고 이 일을 시작하였습니다. 이 책을 출간하는 데 이미 제가 스스로 세워 둔 규칙이 있습니다. 무엇보다도 사실에 입각하여 자료를 모아야 한다는 것입니다. 그리고 왜곡이나 과장 없이 진실만을 기록해야 한다는 원칙입니다. 사사로이 한두 사람을 빼 버리는 것은 그런 원칙에서 벗어나는 일입니다. 죄송하지만 사장님의 부탁은 들어줄 수가 없습니다."

단호한 종국의 말에 사장은 더 이상 아무런 말도 할 수가 없었다. 하긴 자신의 부친마저도 친일파 목록에 올리기로 결심한 종국이 아니었던가. 종국은 자신이 만드는 이 책이 사실만을 기록한 진실한 역사 자료가 되기를 바랐던 것이다. 이렇게 우여곡절을 겪고 나서야 문인 예술가 150명의 이름이 실리고 50명의 작품이 낱낱이 분석된 『친일문학론』이 1966년 7월 드디어 세상의 빛을 보게 된다. 그러나 안타깝게도 극히 일부 지식인을 제외하고는 이 책에 관심을 가져 주는 이가 드물었다. 초판으로 찍은 1,500부가 좀처럼 소진되지 않았다. 종국은 낙담하였다.

이번엔 다시 『친일인명사전』이다

그렇게 세월은 흘러 1980년 늦가을, 종국은 서울을 떠나 천안으로 이사를 했다. 몇 푼 되지도 않는 원고료 수입으로는 서울에서 살기가 어려워졌기 때문이다. 종국은 천안에 내려와 10

아버지도, 스승도 결코 예외일 수 없다

년 넘게 농사를 지으며 살았다. 하지만 종국은 『친일문학론』을 집필한 후 줄곧 농사를 지으면서도 틈틈이 『친일인명사전』을 만들고 있었다. 『친일문학론』은 친일 문제를 청산하기 위한 첫걸음이었지, 그것으로 끝난 작업이 아니었다. 본격적으로 우리 사회의 전 영역을 총망라하여 친일의 이력을 가진 인물들을 찾아내는 것이야말로 누가 친일 행각을 했는지 후손들에게 알리는 일이 되는 것이었다. 또 그렇게 함으로써 비판받을 사람은 비판받고, 벌받을 사람은 벌받음으로써 비로소 민족의 정기를 바로 세울 수 있다고 종국은 생각했다.

이 무렵 중학교 1학년이었던 맏아들 연택이 종국을 도왔다.

"연택아, 아버지 하는 일을 좀 도와줄 수 있겠니?"

"아버지, 제가 무슨 일을 도와 드리면 될까요?"

종국은 방학 때가 되면 아들을 데리고 서울로 올라가 자취방부터 먼저 구했다. 그러곤 또다시 도서관을 찾아 일제 치하에 발행된 '총독부 관보'를 뒤져서 복사를 했다. 당시 발행된 일간지를 뒤지는 일도 빼놓지 않았다. 복사가 힘든 자료들은 손수 베끼기도 다반사였다. 몇 달째 이어지는 아버지의 작업을 지켜본 연택은 아버지를 대단하다고 여기는 한편 의문이 들기도 하였다.

"누가 아버지의 이런 고생을 알아주나요? 아버지는 왜 돈도 안 되고 사람들이 알아주지도 않는 일을 이토록 열심히 하시나요?"

"아들아, 세상이 알아주든 몰라주든 꼭 해야만 하는 일이 있단다. 부귀와 권력이 있는 사람이 절대 못 하는 일, 누군가는 꼭 해야 하는 일……."

이렇게 말하면서도 종국은 가족에게 늘 미안했다. 가족 모두가 자기가 하고 있는 일 때문에 고생하고 있는 것이다.

한창 집필에 매진하던 어느 날 종국의 입에서 밭은기침이 나오기 시작하더니 멈출 줄 몰랐다. 몇 년 전부터 앓고 있던 폐렴이 악화되었던 것이다. 더욱이 종국은 기관지 천식도 있었다. 젊어서부터 십이지장 궤양을 앓고 있기도 하였다. 서울에 올라와 혼자 숙식을 해결하며 살아가기 시작하면서부터 쉬지 않고 일에만 매달리다 보니 몸이 몰라보게 축나 있었다. 더 이상 일을 할 수 없었다. 뼈만 남을 정도로 몸이 앙상해진 채로 종국은 천안으로 내려올 수밖에 없었다. 몸이 좋지 않으니 종국의 마음이 더욱 조급해졌다. 종국의 책상에는 그동안 정리한 인명 카드가 수북하게 쌓여 갔다. 그렇게 자료 카드는 쌓여 가는 반면 종국의 몸에서는 기운이 조금씩 빠져나갔다. 임종국은 20년 넘게 누구 하나 알아주지 않는 『친일인명사전』을 만들겠다고 험난한 세월을 살았으나 미처 끝내지 못하고 1989년 11월 12일, 영원히 눈을 감았다.

하지만 그의 죽음 이후에 언제부터인가 임종국의 뜻을 받들어 친일 문제는 반드시 역사에 기록되어야 한다고 믿는 사람들이 하나둘 늘어나기 시작했다. 아무런 대가도 없을지언정, 친일을 청산하겠다는 원칙만을 믿고 고된 삶을 자처했던 임종국의 뜻을 이어서 후학들이 '민족문제연구소'를 설립하였고 이

: 아버지도, 스승도
결코 메뉴일 수 없다

"세상이 알아주든 몰라주든 꼭 해야만 하는 일이 있단다.
부귀와 권력이 있는 사람이 절대 못 하는 일,
누군가는 꼭 해야 하는 일⋯⋯."

연구소가 제대로 운영될 수 있도록 스스로 주머니를 털어 후원금을 내는 국민들이 생겨났다.

이 연구소를 중심으로 『친일인명사전』의 편찬 작업이 이어졌다. 임종국이 죽기 전까지 소중히 만들어 놓은 1만 3천여 장의 친일 인명 카드가 고스란히 이 책에 담겼다. 을사늑약부터 광복의 그날까지 일제의 국권 침탈과 식민 통치, 그리고 침략 전쟁에 협조하고 우리 민족에게 직간접적으로 고통을 주고 피해를 끼친 4,700여 명의 명단이 새겨 있는 『친일인명사전』이 2009년에 드디어 출간되기에 이른다. 그러나 애석하게도 현재까지 친일 문제가 완전히 청산되었다고는 말할 수 없는 시대에 우리는 살고 있다.

착한 애기들—나두, 또, 따라 읽구

: 아버지도, 스승도
결코 배뇌일 수 없다

※ 영어, 수학을 잘하는 것도 중요하지만 역사를 잘하는 것은 어떤 점에서 중요한 일일까? 우리의 '역사'를 제대로 알아야 한다는 것은 어떤 점에서 가치 있는 일인지 생각해 보자.

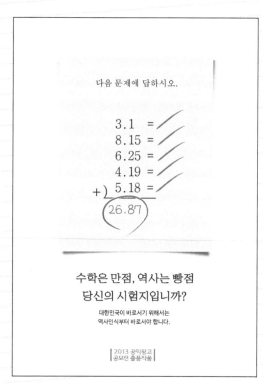

다음 문제에 답하시오.

$$3.1 =$$
$$8.15 =$$
$$6.25 =$$
$$4.19 =$$
$$+) \ 5.18 =$$
$$\overline{26.87}$$

수학은 만점, 역사는 빵점
당신의 시험지입니까?

대한민국이 바로서기 위해서는
역사인식부터 바로서야 합니다.

2013 공익광고
공모전 출품작품

오로지 어머니를 위해 만든
오직 한 곡의 노래
— 엘비스 프레슬리

어느 가난한 아이의, 소박한 약속

엘비스 프레슬리(Elvis Presley, 1935~1977)는 1935년 1월 8일 미국 미시시피의 어느 가난한 마을에서 태어났다. 너무 가난해서 빈민가에서 유년 시절을 보내야만 했던 엘비스는 친구들한테 괴롭힘을 당하기 일쑤였다.

"너는 백인인 주제에 왜 흑인이 사는 마을에 사는 거야!"

엘비스로서는 마땅히 할 말이 없었다.

"내가 살고 싶어서 사는 게 아니야, 부모님 직장이 이 근처라서 그냥 따라서 여기까지 온 거야."

"이 마을에 백인은 너 하나밖에 없다고! 당장 이 마을에서

132

나가지 못하겠어?"

마을에 사는 또래 아이들이 엘비스에게 텃세를 부릴 때가 한두 번이 아니었다. 엘비스는 학교에서도, 마을에서도 외톨이일 때가 많았고, 아이들로부터 괴롭힘을 당하는 일이 잦았다.

게다가 그는 불행하게도 집에서는 아버지의 폭력에 시달렸다. 아버지 버넌 프레슬리는 불법으로 술을 판매하다가 적발되어 옥살이를 하는 등 당시 전형적인 하층민이었다. 술에 취해 있는 날이 많았고, 가정에도 소홀하여 집에도 거의 들어오지 않았다. 어쩌다 집에 들어오는 날에는 가족들을 괴롭히는 일이 다반사였다. 그날도 술에 취해 늦게 귀가한 아버지가 엘비스를 다그치기 시작했다.

"야, 이놈아, 네 엄마 어디 갔어?"

"엄마는 밤에 공장에서 일하시잖아요. 이번 주는 야근이라서 밤에 못 들어오실 거예요."

"시끄러워, 이 녀석아! 가서 술이나 한 병 더 사 오지 못해!"

엘비스는 아무런 대꾸도 하지 않고 슬그머니 현관을 빠져나왔다. 밤하늘을 올려다보면서 엘비스는 오히려 아버지를 이해하려고 노력했다.

'아버지가 오죽하면 저러실까. 나도 얼른 어른이 돼서 돈을 벌 수 있었으면……'

때때로 자신이 처한 고단한 일상이 원망스럽기도 하였으나, 엘비스는 어서 자신이 어른이 되어 어려운 집안 살림을 도울 날이 오기만을 기다리며 묵묵히 하루하루를 살아갔다. 어려운 일상을 견디도록 엘비스에게 큰 용기를 주는 사람은 바로 어머니 글래디스였다. 엘비스는 이 세상에서 자신을 가장 많이 아껴 주고 사랑해 주는 엄마를 생각하면 그 어떤 역경도 견딜 수 있을 것만 같았다. 글래디스는 주일이면 늘 엘비스를 데리고 교회에 가서 예배를 드렸다.

"엘비스, 주일 아침이란다. 어서 일어나서 교회에 가자꾸나."

노래를 곧잘 부르는 엘비스가 교회 성가대의 일원이 되어 노래를 부를 수 있었던 것도 바로 글래디스 덕분이었다. 이런 어머니 덕분에 엘비스는 노래 실력도 많이 늘어 갔다.

그러던 어느 날, 엘비스의 열한 번째 생일을 불과 며칠 앞둔 날이었다. 글래디스가 엘비스에게 물었다.

"우리 엘비스, 생일 선물로 무엇을 갖고 싶니?"

"권총을 갖고 싶어요, 엄마."

엘비스가 뜻밖의 대답을 하자, 글래디스는 아연실색했지만 애써 침착하게 다시 물었다.

"권총이라고? 얘야, 왜 하필 권총이니?"

"엄마를 지켜 주고 싶으니까요. 저는 힘이 없잖아요. 권총만 있으면 엄마가 위험에 빠지더라도 제가 지켜 드릴 수 있을 것 같아요."

글래디스는 엘비스의 설명을 듣고 나서야 비로소 안심할 수 있었다. 크고 작은 범죄가 끊이지 않는 마을에서 생활하는 엘비스 가족은 언제 어떻게 나쁜 짓을 당할지 모른다는 불안감을

한 세기를 비추는 별, 가수

: 오로지 어머니를 위해 만든
오직 한 곡의 노래

느꼈다. 그런 상황에서 아직 어린아이인 엘비스가 스스로 엄마를 지키겠다는 마음에서 나온 말을 탓할 수는 없었다. 글래디스는 얼굴 표정을 바꾸고 엘비스에게 다정하게 말을 건넸다.

"엘비스, 엄마를 지켜 준다는 마음은 참 고맙다. 하지만 엄마가 너의 손에 쥐여 주고 싶은 선물은 권총이 아니라, 바로 기타란다. 기타를 배워서 엄마 앞에서 연주해 주지 않을래?"

"알았어요. 열심히 기타를 배워서 엄마를 기쁘게 해 드릴게요."

엘비스는 엄마를 위해 기타를 배우고 노래를 더 열심히 연습해야겠다고 다짐하며 엄마의 부탁을 가슴에 새겼다. 며칠 후 엘비스의 열한 번째 생일날, 글래디스는 약속대로 멋진 기타를 선물했다. 엘비스는 텔레비전에서 나오는 노래를 따라 부르고 기타를 연주하면서 점점 더 음악에 빠져들었다. 엘비스는 때때로 엄마 앞에서 노래를 부르며, 엄마를 위로하고 즐거운 한때를 보내곤 하였다. 이때야말로 행복할 일이 좀처럼 생기지 않는 일상 중에 엘비스가 가장 행복해하는 순간이었다. 글래디스도 노래를 부르는 엘비스가 마냥 기특했다.

"엄마, 내가 열심히 음악 공부를 하고, 노래를 만들어서 엄마만을 위한 노래를 불러 드릴게요."

"노래를 만든다는 것은 참 어려운 일인데, 가능할까?"

글래디스가 웃으면서 엘비스에게 물었다.

"네, 제가 약속해요. 엄마를 위한 노래를 꼭 만들어 불러 드릴게요."

세월이 어느덧 흘러 엘비스가 고등학교를 졸업하고 열여덟 살이 되었을 때였다.

'이제, 나도 어엿한 어른이 되었으니 어서 직업을 구해서 돈을 벌어야겠다.'

그는 본격적으로 직업 전선에 뛰어들었다. 그의 첫 직업은 트럭 운전사였다. 비록 낮에는 고된 노동에 시달렸지만 퇴근 후에는 근처 술집을 돌아다니며 노래를 불렀다. 좋아하는 노래를 부를 수도 있고, 약간의 돈을 덤으로 벌 수 있으니 그에게는 일석이조의 일이었다. 그렇게 밤업소를 전전하면서 열심히 생활하던 그는 어느 날 술집에 걸려 있는 광고지를 우연히 보게 되었다. 그는 그 광고지를 보자마자 눈이 번쩍 띄었다. 광고의 내용은 '선레코드' 회사에서 4달러의 비용으로 개인 음반을 제작해 준다는 것이었다.

'내가 부른 노래를 음반으로 만들어서 선물하면 엄마가 얼마나 좋아하실까?'

엘비스는 어린 시절 엄마에게 했던 약속을 여전히 잊지 않고 있었다. 자신이 부르는 노래에 늘 박수쳐 주고 행복해하던 엄마를 생각하며 엘비스는 자신의 목소리가 담긴 앨범을 엄마에게 선물해야겠다는 생각에 가슴이 설레었다.

한편 엘비스는 버는 돈을 모두 엄마에게 가져다주었기 때문에 음반 제작하는 데 드는 비용을 따로 마련하려면 엄마 몰래

136

오로지 어머니를 위해 만든, 오직 한 곡의 노래

일을 평소보다 조금이라도 더 해야 했다. 그렇지 않아도 밤낮
으로 일하는 엘비스에게는 벅찬 일이었지만 엄마를 기쁘게 해
드릴 생각에 힘든 줄도 모르고, 아침에 더 일찍 출근하여 일감
을 더 맡아 트럭을 운전하고, 밤에는 늦은 시각까지 업소를 돌
아다녀 노래를 부르며 돈을 벌었다.

약속을 지킨 노래, 행복을 노래하다

  1953년 어느 여름날이었다. 테네시 주 멤피스에 위치한 허
름한 벽돌 건물 앞에 낡은 기타를 어깨에 멘 젊은이가 서성이
고 있었다. 건물 현관에는 '선레코드'라는 현판이 걸려 있었다.
그 젊은이는 비장한 발걸음으로 현관문을 힘차게 열고 안으로
들어갔다. 바로 엘비스였다.
  "어떻게 찾아오셨습니까?"
  안내 데스크에 앉아 있던 여직원이 엘비스를 맞이했다.
  "광고를 보고 왔는데, 개인 음반을 녹음하고 싶어서 왔습니
다."
  "아, 저희 회사에서 광고를 낸 4달러짜리 기획 상품을 말씀
하시는구나."
  여직원은 말을 끝내자마자 엘비스 앞에 한 장의 서류를 내
밀며 이것저것 작성하도록 했다. 곧 엘비스는 녹음실로 안내되
었다. 엘비스가 노래를 녹음하고 나왔을 때 여직원은 엘비스가

작성해 둔 서류를 다시 훑어보며 이름과 주소와 연락처를 다시 한 번 확인했다. 노래가 녹음되는 과정을 지켜본 그 여직원은 엘비스의 노래에 매료되었던 것이다.

녹음을 다 마치고 얼마 지나지 않아 엘비스의 노래가 앨범으로 제작되어 나왔다. 앨범 재킷에 적힌 노래 제목은 '나의 행복(My happiness)'이었다. 엘비스가 그 앨범을 품에 안고 집으로 들어섰다.

"엄마, 제 목소리로 노래한 첫 앨범이에요."

"아니, 이게 엘비스의 앨범이라고? 네 노래가 담겨 있단 말이지?"

앨범을 전해 받는 엄마의 손뿐만 아니라, 목소리에서도 작은 떨림이 느껴졌다. 엘비스는 기타를 어깨에 메고 달콤한 목소리로 노래 부르기 시작했다.

Evening shadows make me blue
저녁 어스름이 나를 울적하게 하고
When each weary day is through
지치고 힘든 날이 계속될 때
How I long to be with you
나는 정말로 당신 곁에 있고 싶어요.
My happiness
그것이 나의 행복입니다.

한 사람을 위한, 오직 하나의 음악

: 오로지 어머니를 위해 만든, 오직 한 곡의 노래

Every day I reminesce

나는 매일 떠올려요.

Dreaming of your tender kiss

당신이 해 주던 부드러운 키스를 말이에요.

Always thinking how I miss

나는 항상 당신을 그리워하고, 또 생각합니다.

My happiness

그것이 나의 행복입니다.

A million years it seems

벌써 수만 년이 지나간 것 같아요.

Have gone by since we shared our dreams

우리 둘이 예전에 함께 나누었던 꿈들 말이에요.

But I'll hold you again

나는 아직도 당신과의 추억을 간직해요.

There'll be no blue memories then

당신의 추억 속엔 행복뿐입니다.

Whether skies are grey or blue

하늘이 맑거나 흐리거나

Any place on earth will do

내가 어느 곳에 머물든지

Just as long as I'm with you

내가 당신과 함께할 수 있다면
My happiness
그것이 바로 행복입니다.

노래를 마친 엘비스가 그윽한 눈빛으로 바라보며 말했다.

"엄마, 이 앨범에 담긴 노래가 바로 이 노래입니다."

노래를 들은 엄마는 말없이 눈물을 흘렸다.

"엄마에게 했던 어린 시절의 그 약속을 지키기 위해 제가 직접 만들고 부른 노래입니다."

가사 한 줄마다 엘비스의 마음이 차곡차곡 쌓여 있는 것만 같은 생각에 엄마는 하염없이 눈물을 흘렸다.

"엘비스, 이렇게 뜻깊은 선물을 받을 줄은 꿈에도 몰랐다. 네가 자랑스럽구나. 아버지도 집에 들어오셔서 이걸 들으신다면 기뻐하실 게다."

엘비스는 엄마가 기뻐하는 모습을 보니, 자신이 부른 노래의 제목처럼 큰 행복을 느꼈다. 엘비스의 첫 앨범은 이렇게 개인 자비 4달러를 들여서, 오로지 어머니와의 약속을 지키기 위해, 오직 어머니만을 위한 앨범으로 제작되었다.

뜻밖의 성공

엘비스는 다시 일상으로 돌아가, 낮에는 트럭 운전사로, 밤

; 오로지 어머니를 위해 만든
오직 한 곡의 노래

ELVIS PRESLEY

"엄마에게 했던 어린 시절의
그 약속을 지키기 위해
제가 직접 만들고 부른 노래입니다."

에는 근처 술집을 돌아다니며 노래를 부르는 생활을 계속했다. 그런데 앨범을 만든 지 거의 1년이 지난 1954년 여름에, 선레코드의 직원이 엘비스를 찾아왔다.

"무슨 일로 저를 찾아오신 거죠?"

엘비스가 의아하여 물었다.

"선레코드의 사장 샘 필립스가 당신을 찾고 있소. 어서 함께 갑시다."

"왜 저를 찾죠?"

직원은 흥분한 듯 상기된 표정으로 대답했다.

"우리 레코드사 사장이 당신 노래를 듣고 반했단 말이오. 이제 당신은 가수가 될 수 있소."

엘비스는 믿어지지 않았다.

"내가 가수가 된다고요?"

직원의 손에 이끌려 선레코드의 사장실로 들어선 엘비스에게 샘 필립스 사장이 단도직입적으로 물었다.

"작년에 선레코드에 제작한 앨범, 기억나시오? 그건 어떤 동기에서 제작한 것이오?"

"네, 우리 어머니를 위해서 만든 것입니다. 제가 직접 작사하고 작곡한 노래입니다. 어머니를 위해 내 마음을 담은 선물이었습니다. 어머니가 매우 기뻐하셨습니다."

"오, 그래요? 부모님을 지극히 사랑하는가 보오."

샘 필립스는 앨범을 만든 엘비스의 생각에 감동한 듯 눈썹을 위로 추켜세우며 다시 물었다.

한 생각들이 가득 채워진

142

오로지 어머니를 위해 만든
오직 한 곡의 노래

"나는 흑인 창법으로 노래하는 백인 가수를 찾고 있었소. 당신이 바로 내가 찾던 사람이오, 당신은 백인이면서 어떻게 그렇게 흑인처럼 노래할 수 있소?"

"저는 어려서부터 흑인 빈민가에서 살아왔어요. 그래서 자연스럽게 흑인의 감정을 체득하고 노래할 수 있었던 것 같아요."

엘비스는 담담하게 대답했다.

"그렇다면 당신의 솔(soul) 감성은 어디서 배웠소?"

샘 필립스는 엘비스에게 진지하게 또 물었다.

"어려서부터 어머니와 함께 교회에 다니며 성가대의 일원으로 줄곧 활동했어요. 아마도 그때 제가 부르던 가스펠에서 익힌 것이 아닐까요?"

샘 필립스는 엘비스의 말을 듣고 무릎을 치며 반색했다.

"그렇군. 우연히 그렇게 된 게 아니고, 이미 가수로서의 자질을 어려서부터 키우고 있었군요."

엘비스는 그 자리에서 선레코드사와 계약을 맺었고, 그해 7월 10일 밤 9시 30분경, 엘비스의 노래가 멤피스의 라디오 방송국에서 처음으로 전파를 탔다. 반응은 놀라웠다. 청취자들의 엽서와 전화가 폭주했다. 그때부터 엘비스는 본격적으로 무대에 올라 멤피스 인근에서는 모르는 사람이 없을 정도로 유명한 가수가 되었다. 그의 노래 실력은 물론, 그윽한 눈매와 매력적인 구레나룻이 소녀 팬들을 사로잡았다. 그의 인기는 미국 전역으로 퍼져 나가기 시작했다.

엘비스 프레슬리는 1977년 사망할 때까지 빌보드 차트 10위 안에 36곡, 1위에 17곡을 올렸고, 미국 내 1억 장 이상, 전 세계 10억 장 이상의 음반을 판매하였다. 그는 로큰롤의 제왕으로 불리는 위대한 가수가 되었다.

※ 다음 공익 광고가 함축하고 있는 메시지를 분석해 보고, 자신이 생각하는 가장 좋은 '효'의 실천 방안이 무엇인지 순위를 매겨서 세 가지만 말해 보자.

등돌린 자식

孝, 부모님을 향한 사랑하고 공경하는 마음입니다.
"용돈, 좀 드리면 되지" "다음에 전화하면 되지" 하며 여러분도 부모님께 점점 등을 보이고 있지는 않나요? 부모님이 필요한 건 가식적인 인사가 아닙니다. 당신들을 향한 사랑하고 따뜻한 진실된 마음입니다. 사랑하고 공경하는 마음으로 부모님을 향해 뒤돌아서세요. 그게 바로 세상에서 가장 좋은 우리의 효도입니다.

약속을 지키는 것이 바로 나의 신앙이다

— 존 워너메이커

대통령 앞에서도 당당한 사나이

풍채 좋은 신사인 존 워너메이커(John Wanamaker, 1838~1922)는 자동차 문을 열고 백악관 앞에서 내렸다. 미리 나와 있던 비서실의 수행 직원이 그를 대통령의 집무실로 안내하였다.

"어서 오시오. 메이커 씨. 미국 최고의 사업가를 오늘에야 만나게 되는군요."

"반갑습니다, 대통령 각하. 최고의 사업가라니 당치도 않습니다. 전 그저 시장의 장사꾼일 뿐입니다. 하하."

존을 반갑게 맞이한 사람은 미국의 23대 대통령인 벤저민 해리슨이었다. 악수를 나눈 대통령과 존 워너메이커는 마주 보며 자리에 앉았다.

"당신의 이야기는 많이 들었소. 정직을 최고의 전략으로 내세워 미국에서 가장 큰 사업가가 되었다지요. 당신의 사업 수완, 추진력, 사람을 보는 안목 등은 여기 백악관에서도 아주 유명하답니다. 하하."

"과찬이십니다. 저는 그저 성실하게 장사를 해 왔을 뿐입니다."

존의 말에 대통령은 그에게 몸을 기울였다. 그리고 반짝이는 눈으로 말했다.

"그 성실함을 이제 나라를 위해 써 주셔야겠소. 우리나라의 우편 제도가 아직 자리를 잡지 못하여 국민들이 많은 불편을 겪고 있으니 당신이 체신부 장관을 맡아 제도를 좀 정비해 주었으면 합니다."

존은 대통령이 자신을 이 자리에 부른 이유를 알고 있었기에 놀라지 않았다. 다만 침착하게 자신의 소신을 전달했다.

"각하의 뜻은 잘 알겠습니다. 하지만 저는 그 장관직을 수행할 수 없을 것 같습니다."

"그 이유가 무엇입니까?

"전 평일에는 사업을 하고 주말에는 교회에서 주일 학교 교사직을 맡고 있습니다. 사업이야 직원들에게 맡기면 되겠지만 주일 학교 교사직은 제가 평생을 맡겠다고 약속한 직책이라 다른 사람이 대신할 수는 없습니다."

그러자 대통령을 수행하고 있던 보좌관이 발끈하였다.

약한 세개를 가는, 큰 가치관

146

약속을 지키는 것이
바로 나의 신앙이다

"아니, 당신은 체신부 장관직이 주일 학교 교사직보다 하찮다는 것입니까?"

존은 그런 반응을 예상했다는 듯이 여유롭게 웃으며 말했다.

"하하하, 그럴 리가 있겠습니까. 제가 어렵다고 말씀드린 까닭은 일의 경중 때문이 아닙니다. 다만 저와 교회와의 약속이기 때문이고 제가 중요시 여기는 것은 제가 한 약속을 지키는 일이기 때문입니다."

원칙을 지킴으로써 존경받는 사업가가 되다

1838년 미국 필라델피아에서 태어난 존 워너메이커는 제대로 된 학교 교육을 거의 받지 못했다. 그가 받은 교육이라고는 주일 학교에서 배운 성경 공부가 전부였다. 그는 성경의 가르침을 평생 가슴에 담고 실천하려고 애썼다.

"네가 성경 말씀을 그렇게 소중히 여기니 이 엄마는 네가 목사가 되었으면 좋겠구나."

신앙심이 깊었던 존의 어머니는 존이 신앙인의 길을 걷기 바랐다. 하지만 존의 생각은 달랐다.

"아니에요, 어머니. 저는 사업을 하고 싶어요. 큰 사업가가 되어서 큰 집도 짓고 교회도 지을 거예요. 그게 제가 결심한 저의 신앙의 길입니다."

"넌 이익만 밝히는 장사꾼이 되겠다는 것이니?"

"아뇨. 전 단순히 돈만 밝히는 상인이 아니라, 저의 매장을 찾는 고객들에게 행복과 만족을 선사하는 사람이 될 거예요. 열심히 일하는 사람이 좋은 대접을 받는 세상을 제 손으로 만들어 보고 싶어요, 어머니."

사업가가 되기로 결심한 존은 처음에는 시장에서 서점의 점원으로 일을 시작하였다. 그러면서 그는 시장의 원리와 소비자들의 특징, 물건들이 유통되는 구조 등을 면밀히 관찰하였다. 어느 정도 준비가 되었다고 생각한 존은 1861년에 드디어 자신의 사업을 시작하였다. 그가 처음 시작한 사업은 남성복 매장이었다.

하지만 공교롭게도 그가 매장을 연 뒤 불과 사흘 뒤에 남북 전쟁이 발발했다.

"전쟁 통에 누가 새 옷을 사 입겠어."

사람들은 모두 그 사업의 미래를 어둡게 전망했다. 하지만 오랜 고민 끝에 자신만의 영업 전략을 수립한 존은 자신감 있게 매장 운영을 계속해 나갔다.

"어? 이 가게는 뭐지? 지금 전쟁 중인 걸 모르나?"

"저기 공지한 내용을 봐. 가격 정찰제를 한대. 엄청나게 파격적이야!"

"게다가 산 물건이 맘에 들지 않으면 돈을 모두 돌려준다고 하네. 어서 가 보자고!"

존 워너메이커는 당시 시장에서는 찾아보기 힘들었던 가격 정찰제를 처음으로 시행하였다. 그 당시에는 판매자가 가격을

약속을 지키는 것이 바로 나의 신앙이다

부르면 구매자는 가격을 깎는 실랑이가 자주 벌어졌고, 그 과정에서 기 싸움에 이기는 사람이 이득을 얻는 불합리한 판매 구조가 오랫동안 이어져 오고 있었다. 존은 그런 불합리함을 알아채고 정찰제를 시행하는 전략을 세웠던 것이다. 게다가 소비자가 제품에 불만이 있다면 환불해 주는 정책 또한 처음으로 시행하여 소비자들의 호기심과 긍정적인 반응을 이끌어 낼 수 있었다. 이때 존 워너메이커는 평생 동안 사업을 하며 지켜 온 영업 원칙을 세우게 된다.

1. 가격 정찰제 실시
2. 모든 상품에는 상품의 품질을 표시할 것
3. 구입자가 원하면 언제든지 반품 또는 교환해 줄 것
4. 직원의 복지를 최우선으로 할 것

이러한 원칙들을 철저하게 지키며 영업을 시작한 존은 처음에는 주변 상인들의 비웃음을 사기도 했다.

"흥, 그런 식으로 장사를 하면 남는 게 있을 줄 아나? 장사란 원래 가격보다 훨씬 높은 금액을 불러서 조금씩 깎아 주는 척 해야 이문이 남는 거라고."

"게다가 사람들이 너도나도 환불이며 교환을 요청해 오면 반품한 물건들은 다시 사용하지도 못하고 버려야 하는데, 저렇게 멍청할 수가 있을까. 쯧쯧."

하지만 존은 흔들리지 않고 자신의 원칙을 지켜 나갔다. 고

객들과의 약속일 뿐만 아니라 자신과의 약속이기도 했기 때문이었다. 존은 항상 단정한 자세와 친절한 태도로 고객들을 맞이했고, 그 매장에 대한 소문은 사람들의 입을 타고 전파되기 시작했다.

또한 존은 커다란 입간판과 애드벌룬을 이용한 광고 전략으로 지역 주민들에게 신선한 충격을 주었고, 유용한 각종 정보를 담은 4페이지의 월간지를 무료로 발행해 지역 자치회에 기여하면서도 그 월간지에 실은 자신의 매장 광고 덕분에 소비자들의 폭발적인 반응을 얻어 낼 수 있었다.

이렇게 존 워너메이커는 당시로서는 파격적인 현대적 광고 기법을 적극적으로 고안하여 실행하였고, 그 결과 그의 매장은 개업한 지 10년 후에는 연 매출이 200만 달러가 넘었으며 직원이 100명이 넘는 기업으로 발전할 수 있었다.

"엄마, 나 다리 아파. 아직도 더 다녀야 해?"

"응, 네가 험하게 놀아서 바지가 다 해졌잖니. 네 바지랑 속옷만 사고 집에 가자꾸나."

"바지랑 속옷을 사려면 시장을 거의 다 돌아야 하잖아! 나 힘들단 말이야."

어느 날 존 워너메이커가 매장에 다녀오는 길이었는데 시장 한복판에서 엄마와 아이가 다투고 있었다. 존은 무심코 그들의 실랑이를 지켜보다가 문득 기발한 생각이 들었다.

'그래, 사람들이 여러 가지 물건을 사려면 시장의 여러 상점을 다 돌아다녀야 하고, 또 만약 원하는 물건이 없으면 다른 지

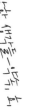

: 약속을 지키는 것이
바로 나의 신앙이다

역까지 가야 하는 불편함이 있었어. 한 건물에 여러 종류의 상점들을 모아 놓는다면 사람들이 더욱 편리하게 물건을 구입할 수 있을 거야.'

존은 마침 필라델피아의 낡은 화물차 정거장이 흉하게 방치되어 있는 것을 보고 그 부지를 헐값에 사들였다. 그리고 1875년, 그 자리에 대형 건물을 지어 여러 상가가 모여 있는 '그랜드 디포'라는 이름의 백화점을 열었다. 존은 이 백화점을 통해 전통적 시장의 방식에서 벗어나 현대적 복합 상점의 시대를 처음으로 열었다. 그랜드디포는 개장식 날에만 7만 명의 사람들이 몰려왔을 정도로 대단한 성공을 거두었다.

이렇게 계속된 사업의 성공으로 존은 어느새 직원을 5만 명이나 거느린 사업가가 되었다. 그럼에도 존은 자신이 세운 규칙을 철저하게 지킨 것으로 유명한데 특히 직원들에게 유급 휴가를 주고, 여름 기간 동안 토요 휴무제 및 2주간의 여름휴가를 주는 등 직원의 복지에도 소홀히 하지 않아 많은 사람의 존경을 받는 사업가가 되었다. 존에 대한 소문이 대통령의 귀에까지 들어가게 되었고, 대통령이 그를 직접 백악관에 초대하기에 이른 것이었다.

약속을 지키는 사람이 인정받는 세상을 만들다

"그래, 주일 학교 교사로 봉사하겠다고 한 그 약속이 한 나라의 장관직보다 중요하다고 생각하는 이유가 무엇입니까?"

벤저민 대통령은 미심쩍은 얼굴로 존에게 물었다. 하지만 존은 조금도 당황하지 않았다.

"저는 학교 교육을 제대로 받지 못했지만 주일 학교에서의 가르침을 통해 건실한 사업가로 성장할 수 있었습니다. 그래서 저는 21살의 젊은 나이였지만 제가 받은 가르침을 돌려주기 위해 주일 학교를 세우기로 결심했었고 제 힘이 닿는 데까지 교사로 활동할 것을 하나님과 제 자신에게 약속을 하였습니다. 이 약속은 누구도 깰 수 없는 저만의 다짐이며 맹세이고 규칙입니다. 제가 장관직을 수행하게 되면 이 약속을 지킬 수 없기 때문에 그 제의를 수락하기 어렵다고 말씀드린 것입니다."

존의 이야기를 들은 대통령은 그의 배포와 신념에 감동하여 환하게 웃으며 말했다.

"하하하, 제게도 당신이 필요하고 교회에도 당신이 필요하니 어쩌겠소. 내 특별히 장관직을 수행하면서도 주일 학교 교사로 재직하는 것을 허가하겠습니다. 그리하면 저의 제의를 수락해 주시겠습니까?"

"오, 그렇게 해 주신다면 저로서는 전혀 문제 될 것이 없습니다. 이렇게 배려를 해 주시니 미약한 힘이나마 그 자리에서 최선을 다하겠습니다."

"필라델피아에서 이곳까지는 몇백 킬로미터가 넘는 거리인데 매주 그 거리를 왕복하셔야 할 겁니다. 매주 반복될 긴 여정이 고될 터인데 정말 괜찮으시겠습니까?"

약속을 지키는 것이 바로 나의 신앙이다

하얀 새가들 - 가득, 호 차서 간다

"하하, 저는 부지런히 움직이는 것을 좋아하는 사람입니다. 제 약속을 지킬 수만 있다면 더 먼 곳도 즐거운 여행이라 생각하며 다닐 것입니다. 게다가 매주 즐거운 기차 여행을 하게 되었으니 나름 복을 받은 셈입니다."

그 말을 들은 대통령과 보좌관들은 놀란 표정을 하였지만 존은 아랑곳 않고 즐겁게 웃고 있었다. 그렇게 체신부 장관을 역임한 후에도 존은 약속대로 85세가 될 때까지 65년 동안 한결같이 주일 학교 교사로서 활동하였고, 27명의 학생으로 시작한 그의 주일 학교인 '베다니 학교'는 현재 수만 명의 학생들이 소속된 세계적인 주일 학교로 성장하여 그의 의지를 이어 나가고 있다.

※ 다음 사진에서 느낀 바를 통해 자신이 지키지 않은 사소한 약속으로 인해 오해나 안 좋은 상황이 일어났던 상황을 떠올려 보자. 그리고 '사소한 약속'과 '중요한 약속'이 차이가 있는지 자신의 생각을 말해 보자.

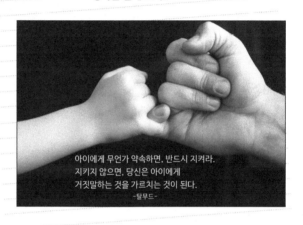

아이에게 무언가 약속하면, 반드시 지켜라.
지키지 않으면, 당신은 아이에게
거짓말하는 것을 가르치는 것이 된다.
-탈무드-

5부

마음을 다스릴 때마다
경계를 살펴나가는 세기

— 야사 정저, 정안

조선의 독립을 위해 싸운 일본인

— 후세 다쓰지

후세 다쓰지(布施辰治, 1880~1953)는 일본의 미야기 현 동쪽에 위치한 해안 마을 이시노마키에서 평범한 농사꾼의 막내아들로 태어났다. 또래 아이들과 달리 한학(漢學)에 관심이 많았던 다쓰지는 소학교를 마치고 집에 돌아오자마자 곧장 집을 나서곤 하였다.

"엄마, 서당 다녀올게요."

인근 마을에 있는 서당으로 달려가서 무슨 말인지도 모르는 이야기를 주워들으며 그는 자연스럽게 한학에 빠져들었다. 서당 개 삼 년이면 풍월을 읊는다고, 다쓰지는 어느새 이웃 나라

157

중국과 한국에 대해서도 여러모로 많은 것을 알게 되었고, 두 나라의 학문과 문화에 대해 흠모하는 마음까지 생겼다. 다쓰지는 성장하면서 특히 모든 사람을 차별 없이 사랑해야 한다는, 묵자의 겸애사상에 큰 감명을 받았다. 그래서 당시 일본이 전개하고 있던 침략 전쟁에 대해서 다른 사람들과 논쟁을 할 때가 잦았다.

"청일 전쟁이나 러일 전쟁은 일본이 근대화되고 강대국이 되려면 어쩔 수 없이 치러야 하는 전쟁이지."

일본 사람들은 이렇게 일본의 전쟁을 정당화하고 당연하게 여겼다. 하지만 다쓰지는 달랐다.

"무슨 소리, 러시아의 대문호 톨스토이도 반대하고 있는 전쟁이야. 인간 그 자체보다 소중한 것은 없어. 인간을 외면하고서 설령 전쟁에 승리했다 한들 무슨 소용이 있겠어?"

톨스토이가 여러 문학 작품을 통해 그의 조국 러시아를 비판하였듯, 다쓰지는 일본이 저지른 제국주의 폭력에 강한 반발심을 가지고 있었다. 심지어 자신이 일본인임을 부끄러워한 적도 많았다. 1899년에 다쓰지는 법학을 공부하는 학교에 진학하면서 법학도의 길을 걷기 시작하였다. 이때 프랑스 혁명의 배경이 되었던 천부 인권 사상을 비롯하여 서구의 근대 사상을 깊이 공부한 다쓰지는 더욱 확고한, 자신만의 세계관을 정립해 나가기 시작했다.

법조인이 되기를 열망했던 다쓰지는 각고의 노력 끝에 1902년, 그의 나이 23살에 드디어 판검사 시험에 합격하는 영

한국 새내기를 위한 거사 감성

: 조선의 독립을 위해 싸운 일본인

예를 누렸다. 하지만 당시 출세의 지름길로 여겨졌던 판검사의 직위를 불과 6개월 만에 스스로 그만두어 주위 사람들을 깜짝 놀라게 했다. 다쓰지는 그 사람들에게 이렇게 말했다.

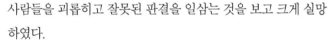

"판사와 검사라는 자리가 이렇게 탐욕스럽고 더러운 자리인 줄 몰랐다."

다쓰지는 당시 법조인들이 무소불위의 권한으로 많은 사람들을 괴롭히고 잘못된 판결을 일삼는 것을 보고 크게 실망하였다.

"나는 앞으로 힘없고 약한 사람들을 정의로운 법으로 돕겠어."

다쓰지는 얼마 되지 않아 법률 사무소를 차리고, 그가 뜻한 대로 변호사가 되었다.

조선인을 탄압하는 것이 오히려 위법이오

한편 1919년 2월 8일 일본의 수도 한복판에서 조선의 유학생 600여 명이 기습적으로 한데 모여 일본을 향해 조국의 독립을 위해 투쟁할 것을 선언하는 역사적 사건이 일어난다. 바로 '2·8 독립 선언'이다.

"조선은 자주독립 국가이다. 우리는 조선의 독립을 위해 목숨을 걸고 싸울 것이다!"

젊은 유학생들의 결의는 단호했다. 그러나 곧 출동한 일본 경찰에 의해 이 행사는 강제 해산되었고, 주동자로 분류된 27명이 현장에서 체포되었다. 곧 재판에 넘어간 이들은 1심에서 유죄를 선고받았다. 유학생들은 2심 재판에서 변호를 맡아 줄 변호사를 구하다가 다쓰지의 명성을 듣게 되었다. 하지만 일본인에게 조선인의 변호를 맡긴다는 것 자체가 마뜩지 않은 일이었다. 하지만 조선 유학생들의 처지를 귀 기울여 들어 주고, 흔쾌히 2심의 변호를 맡겠다고 확신에 찬 목소리로 말하는 다쓰지의 모습은 유학생들이 보기에도 믿음직스러웠다.

"조선의 청년들이 조선의 독립을 부르짖는 것이 왜 잘못이란 말이오. 그들을 탄압하는 것이 오히려 위법한 것 아니오?"

2심 법정에서 한결같이 무죄를 주장하였던 다쓰지의 변론은 자신감이 넘칠 뿐만 아니라 논리 정연했다. 아쉽게도 무죄는 아니지만 다쓰지의 훌륭한 변론 덕분에 1심보다 훨씬 가벼운 형량을 선고받을 수 있었다. 법정에서 조선인을 변호하는, 더구나 그토록 열정적으로 변호하는 일본인의 모습은 당시 일본 법정에서 좀처럼 보기 드문 광경이었다. 그래서 조선인은 감동했고, 일본인은 의아해했다.

: 조선의 독립을 위해
싸운 일본인

조선인을 위한 그의 양심적인 행동은 여기에 그치지 않았다. 1923년 9월 1일 일본의 도쿄에 큰 지진이 일어났을 때였다. 리히터 규모 7.9 이상의 강한 지진이 발생하여 간토(관동) 지방 일대가 쑥대밭이 되었다. 피해가 극심하여 민심마저 흉흉해졌다. 지진 복구와 이재민 구호가 지지부진하자 정부에 대한 국민들의 분노가 극에 달했다. 위기의식을 느낀 일본 정부는 국민들의 관심을 다른 데로 돌리고 민심을 수습하려는 의도로, 말도 안 되는 유언비어를 유포하는 만행을 저질렀다.

'조선인이 우물에 독약을 풀어 일본인을 몰살시키려 한다.'

'조선인들이 힘을 모아 일본 내에서 폭동을 일으킬 것이다.'

이런 소문을 들은 일본인은 그들이 품었던 분노를 일순간에 조선인에게 돌렸다. 두서너 명만 모이면 조선인을 욕했고, 심지어 지나가는 사람들을 무조건 붙잡아, 조선인이라는 것이 확인되면 그 자리에서 무자비한 폭력을 행사하기도 했다.

다쓰지는 이런 사태가 일어난 내막을 잘 알았기에 일본인의 이런 행동에 분개했다.

"이러면 안 되는 거야……. 조선인은 아무런 잘못이 없어."

다쓰지는 직접 나서는 것은 물론 주변 사람들까지 동원하여 조선인을 보호하는 데 애를 썼다.

"애먼 조선인이 더 이상 피해를 당하지 않도록 도와주는 게 어떻겠소? 힘없이 당하기만 하는 조선인을 우리가 보호해 줍시다."

다쓰지는 조선인과 일본인이 충돌하기 쉬운 지역을 순회하며 일본인들에게 그들의 폭력이 결코 정당하지 않음을 설득하고 다녔다. 설득이 잘되지 않으면 위기에 처한 조선인을 자신의 집으로 피신시키기도 하는 등 그의 노력은 앞뒤를 가리지 않았다. 이런 다쓰지의 피나는 노력에도 불구하고 조선인의 피해는 극심했다. 하지만 나중에 일본 정부에서 공식적으로 발표한 조선인 희생자 수는 213명. 이 발표를 접한 다쓰지는 다시 한 번 분개했다.

"이것은 진실이 아니야. 조선인은 이것보다 훨씬 더 많이 죽고 다쳤어. 진실을 축소하거나 은폐해서는 안 돼."

다쓰지는 '213명'이라는 숫자는 엉터리일 뿐이라며 진상을 규명하기 위해 직접 피해 현장을 찾아다니기 시작하였다. 그렇게 다쓰지가 조사를 하여 최종적으로 확인한 조선의 희생자 수는 무려 6천 명이 넘었다. 조선인을 잔인하게 학살한 자국민의 태도에 분개한 그는 이 사실을 널리 알리고, 일본인으로서 학살을 막지 못한 책임을 반성하며 일본 정부와 국민에 반성을 촉구하였다.

"죄 없는 조선인이, 한두 명도 아니라 무려 6천 명이 희생되었습니다. 왜 우리가 그들을 죽여야 합니까? 왜 우리는 그런 잘못을 저지르고도 반성할 줄 모릅니까?"

다쓰지의 목소리는 조선 사람들의 상처받은 마음을 어루만졌고, 양심 있는 일본인의 가슴속을 후벼 파고들었다.

한국 사람들-일본 정착 과정

: 조선의 독립을 위해
싸운 일본인

　이로부터 채 1년이 지나지 않은 1924년, 일본의 일왕이 거처하고 있는 왕궁 앞 다리, '이중교'에서 폭탄이 투척된다. 회의에 참석하는 일본의 고관대작들을 겨냥하여 우리 의열단 중 한 명이었던 김지섭이 벌인 거사였다. 그러나 아쉽게도 폭탄이 터지지 않는 바람에 거사는 실패하고 김지섭은 현장에서 체포되고 말았다. 일본인은 왕궁 앞에서 벌어진 이 사건에 경악을 금치 못했다.

　"왕궁 앞에서 조선인이 폭탄을 던졌다며?"

　"어떻게 이럴 수가, 실패로 끝났기 망정이지 큰일 날 뻔했지 뭐야."

"폭탄을 던진 조선인을 살려 두어서는 안 돼. 그들은 우리 일본을 전복하려고 한 거야."

급기야 왕궁을 침입했다는 것은 일종의 역모요, 국가 반역에 해당한다며 김지섭의 거사를 중죄로 취급하는 여론으로 일본 전역이 들끓었다. 아니나 다를까 담당 검사는 재판에서 김지섭에게 사형을 구형하였다. 이 재판에서 김지섭의 변호를 맡은 것도 후세 다쓰지였다.

"조선인이 자신들의 조국 독립을 위해 행동하는 것은 인류 보편의 가치 기준으로 보았을 때 역모도, 반역도 될 수 없소. 그들은 양심에 따라 행동한 것뿐이오."

일본 여론이 조선인에 대한 반목으로 들끓는 상황에서 이런 변호를 맡는다는 것 자체가 큰 용기를 필요로 하는 일이었다. 그러나 다쓰지는 김지섭을 변호하는 데 한 치의 주저함도 없었다. 그는 무료로 김지섭을 변호하기로 자청하였다.

"폭탄은 터지지도 않았소. 더구나 아무도 다치지 않았소. 죽은 사람도, 심지어 다친 사람도 없는데 사형이라니, 이것은 있을 수 없는 일이오. 양심이 있고 법을 아는 사람들은 모두 압니다. 김지섭은 죄가 없소."

다쓰지는 열과 성을 다하여 흐트러짐 없는 논리로 무죄를 주장하였다. 비록 무죄를 이끌어 내지 못하였으나 그의 노력이 헛되지 않아, 사형이 기정사실화되던 재판의 방향을, 무기 징역으로 돌려놓음으로써 그나마 형량을 줄일 수 있었다.

이 밖에도 그가 조선과 조선인, 그리고 조선의 독립을 애쓴

: 조선의 독립을 위해
싸운 일본인

흔적은 어렵지 않게 찾을 수 있다. 다쓰지는 조선의 독립운동가들과 자주 교류하였는데 그들에 대한 존경심을 곳곳에 기록으로 남겨 두었다. 조선의 수재민 돕기 운동에도 발 벗고 나섰으며 조선 땅을 밟게 되었던 1923년에는 전국 각지를 돌며 총독부의 폭압적인 정치를 강도 높게 비판하기도 하였다. 그가 조선에서 개최하는 강연회에서는 조선 청년들을 향해 조선의 자유를 역설하여 일제의 따가운 눈총을 받아야만 했다. 이런 행동에는, 국가라는 이름으로 행해지는 모든 폭압과 횡포를 거부했던 다쓰지의 평소 신념이 깔려 있었다.

누구를 침략하지도 않으며, 개개인의 인권을 존중하고 지켜주는 나라가 이상적인 국가라는 믿음을 늘 마음속에 간직하며 살았다. 그래서 그가 양심을 지킨다는 것은, 늘 일본이라는 국가 권력에 맞서는 일일 수밖에 없었다. 국가에 대항한 후세 다쓰지는 결국 일본 당국으로부터 외면당하는 인물이 되고 말았다. 일본 당국은 그에게 '적색 변호사'라는 낙인을 찍고 감시 대상으로 삼았다. 그 결과 두 번이나 투옥되기도 하였고, 급기야 1932년에는 변호사 자격이 박탈되는 처분까지 받았다.

경제적으로 성공이 보장된 판검사를 그만두고 변호사로서도 입신출세를 일찍이 거부한 다쓰지. 양심에 따라 사회적 약자와 더불어 사는 것이 인생의 유일한 목표였던 다쓰지. 그는 명실상부한 조선 민중의 벗이요, 동지였다. 2004년 대한민국 정부는 후세 다쓰지에게 일본인 최초로 건국 훈장 애족장을 수여하였다. 우리나라 독립에 기여한 공로를 인정받은 결과였다.

※ 다음 공익 광고가 의미하는 것이 무엇인지 분석해 보고, 이를 참고하여 우리가 '양심'을 지키려고 할 때, 우리를 유혹하거나 마음을 흔드는 것에는 어떤 것이 있는지 생각해 보자. 또 '양심'을 지켜 뿌듯했던 경험을 친구들과 이야기 나누어 보자.

내 양심은 답을 알고 있다,
그래서 양심대로 행동한다

― 존 로빈스

아이스크림 집안의 아들이 아이스크림을 거부하다

1969년, 세계적인 아이스크림 기업인 '배스킨라빈스'의 창업주인 어바인 로빈스의 집에서는 때 아닌 유산 상속 다툼이 일어나고 있었다. 하지만 특이하게도 다툼의 이유가 흔히 볼 수 있는 유산 배분 문제가 아니라, 어바인 로빈스의 아들이자 상속자인 존 로빈스(John Robbins, 1947~)가 상속을 거부했기 때문이었다.

"존, 도대체 이유가 무엇이냐. 우리 회사를 세계적인 기업으로 만들기 위해 이 아비가 젊은 시절에 얼마나 많은 노력을 했는지 잘 알고 있지 않느냐. 이 회사를 내 아들인 네가 물려받지 않으면 도대체 누구에게 물려줄 수 있겠느냐 말이다!"

"알아요, 아버지. 아버지께서 회사를 키우기 위해 얼마나 헌신하셨는가를 저는 잘 압니다. 하지만 아버지께서 절 이해할 수 없듯이, 저도 아버지를 이해할 수 없습니다."

"대체 무엇을 이해할 수 없단 말이냐!"

"아버지는 공동 창업자인 배스킨 삼촌이 생전에 아이스크림을 얼마나 좋아했는지 잘 아시죠?"

"그야 당연하지. 우린 둘 다 아이스크림을 무척 좋아했다. 그렇기 때문에 우리가 직접 만든 여러 가지 아이스크림으로 이 회사를 키워 온 것은 너도 잘 알 것이다. 나는 네가 회사를 물려받아 더욱 다양한 아이스크림을 만들어 줄 것을 기대하고 있다."

"네, 두 분이 얼마나 아이스크림을 좋아하셨는지 잘 알죠. 제가 어렸을 때 집에 있던 아이스크림 모양의 수영장과 콘 모양의 놀이 기구가 아직도 생생하고 아이스크림 이름을 따서 고양이 이름을 지어 주기도 했었죠. 두 분의 영향을 받아 저도 아이스크림을 무척 좋아했습니다. 하지만 그 아이스크림 때문에 배스킨 삼촌은 100kg이 넘는 과체중에 고혈압과 당뇨병 때문에 돌아가셨잖아요. 그것이 무엇을 의미하는지 잘 아시죠? 아이스크림이 직접적인 이유는 아닐지 몰라도 가장 중요한 원인 중 하나임은 분명해요. 아이스크림은 독이에요. 달콤한 독이란 말입니다."

"하지만 넌 우리 가문의 상속자야. 난 너에게 엄청난 부와 명예를 안겨 주려고 하는데, 이렇게 무책임하게 상속을 거부하

168

내 양심은 답을 알고 있다,
그래서 양심대로 행동한다

는 것은 자식으로서의 도리가 아니지 않으냐!"

"무책임한 것은 아버지입니다. 지금 전 지구적으로 고지방과 고칼로리 음식으로 많은 사람들이 고통받고 있어요. 아버지가 만든 아이스크림 때문에 고통에 신음하던 배스킨 삼촌과 같은 사람이 얼마나 많은 줄 아십니까? 이런 상황에서 제가 더욱 다양한 아이스크림을 만들어야 할까요? 생각해 보세요. 제가 어렸을 때 몸이 불편하고 아팠던 것을 기억하시죠? 그때 두 분이 얼마나 많은 걱정을 하셨습니까. 그때 전 알았습니다. 병이란 것은 정말 너무나 고통스럽고 힘든 일이라는 것을 말이죠. 하지만 저는 그 경험으로 한 가지 더 알게 된 것이 있었습니다. 그건 바로 병이란 잘못된 식생활로부터 비롯되며, 또 올바른 식생활을 통해 고칠 수도 있다는 것이었습니다. 그래서 전 제가 생각하는 올바른 길을 찾아 떠나려 합니다."

"넌 진심으로 얘기하는 것 같지만 이 아비가 보기에 제정신이 아닌 것 같구나. 집을 나가서 대체 무엇을 하겠다는 것이냐!"

"조금만 시간이 지나면 자연히 알게 되실 겁니다."

그 길로 존 로빈스는 뒤도 돌아보지 않고 아버지 곁을 떠났다. 세상에서 가장 큰 아이스크림 회사인 배스킨라빈스의 상속자가 상속을 거부했을 뿐만 아니라 아이스크림의 유해성을 주장하며 아이스크림 불매 운동까지 벌인 환경 운동가로 활동하게 된 전례 없는 일이 벌어진 것이다.

존 로빈스는 어렸을 때 소아마비와 비슷한 병을 앓았고 완치되기까지 꽤나 오랜 시간이 걸렸다. 그는 어린 나이에 질병의 고통을 겪으며 사람의 건강에 식생활과 식습관이 엄청난 영향을 끼친다는 것을 깨달았다. 그리고 가장 가까운 친척인 배스킨 삼촌이 육류를 즐겨 먹고 아이스크림 같은 유제품을 좋아하다가 50대 초반의 나이에 고혈압과 당뇨로 고통을 받게 되고 끝내 심장마비로 사망하자 그는 유해한 음식의 위험성을 누구보다도 심각하게 인식하게 되었다. 하지만 그는 그 유명한 기업 배스킨라빈스의 장남이었고 모두들 그가 차기 회장에 오르게 될 거라고 생각했다.

'나는 곧 회장직을 물려받아야 한다. 하지만 나는 아이스크림이 사람의 건강에 좋지 않은 영향을 준다는 것을 알고 있다. 영업 이익을 남기기 위해 애를 쓸수록 많은 사람들이 고통받을 것이다.'

존 로빈스는 오랜 시간 고민 끝에 과감히 부와 명예를 버리고 집을 떠나게 된다. 양심을 따른 그의 선택에 많은 사람들이 깜짝 놀랐다.

집을 나온 존 로빈스는 외딴섬에 통나무집을 짓고 아내와 함께 농사를 지으며 자연 속에서 10년을 넘게 살았다. 그는 손수 재배한 재료로 만든 음식으로 생활하였기 때문에 10여 년간 쓴 돈은 겨우 1천 달러 정도에 불과했다. 그리고 그 과정에

착한 생각들—양심, 정직, 검소

내 양심은 답을 알고 있다.
그래서 양심대로 행동한다

서 천연 음식의 중요성과 올바른 식습관에 대한 자신의 생각을 담은 책을 쓰기 시작하였다.

"10년 이상을 자연 속에서 천연의 음식들을 먹으니 어렸을 때 나를 괴롭혔던 병들이 이제는 완치된 것 같아. 역시 사람의 건강은 식습관에 의해 좌우된다는 내 믿음이 틀리지 않았던 거야. 특히 우리 미국인들이 철저하게 믿고 있는 육식의 중요성에 문제가 있다는 것을 깨달았어. 육식이 건강에 가장 중요하다는 믿음은 잘못된 거야."

어느 순간에나 존의 뜻을 존중했던 아내는 그의 말에 환하게 웃어 보였다.

"맞아요. 우리는 자연 속에서 많은 것을 얻을 수 있었어요. 하지만 우리는 그동안 더욱 중요한 것을 잊고 있었어요."

"더욱 중요한 것?"

"네, 당신은 당신의 의지에 따라 집을 박차고 나오긴 했지만 생각해 보면 아버님이 이루신 기업을 물려받는 것은 당신의 책임과 의무이기도 했어요. 당신 스스로 책임과 의무를 저버렸으니 당신은 그에 상응하는 다른 일을 통해 그 책임을 대신해야 한다고 생각해요. 우리가 알게 된 사실들을 세상에 알려서 사람들이 건강한 생활을 할 수 있도록 도와주어야 하지 않을까요?" "그건 맞는 말이야. 그래서 난 우리의 생활을 바탕으로 얻은 다양한 지식들을 빠뜨리지 않고 꼼꼼히 정리하고 있어. 하지만…… 이것을 세상에 알리는 일은 쉽지 않아. 아직 난 고민 중이야."

"알아요, 존. 당신이 이미 상속을 거부하고 아버지를 떠난 것을 세상 사람들이 모두 알고 있는데 여러 유제품과 축산품의 유해성을 알린다면 아들이 아버지의 사업을 방해하는 일이 될 것이니 망설여지겠지요. 하지만 집을 떠나올 때도 그랬듯이 당신은 자신이 옳다고 생각하는 신념을 따라야 한다고 저는 생각해요."

존 로빈스는 생각했다. 신념의 문제도 있었지만 그건 다름 아닌 양심의 문제였다. '옳다고 생각하는 것을 실행에 옮기느냐 아니면 숨어 있을 것이냐' 선택해야 하는 순간이었다. 이윽고 존은 아내의 손을 잡고 조용히 이야기했다.

"나는 내 신념과 양심을 따를 것이오."

이제는 환경 운동가

그 이후 존 로빈스는 환경 운동가의 길을 걷기 시작하였다. 그는 특히 아이스크림을 비롯한 다양한 유제품의 유해성을 밝혔고 육류를 맹신하는 것의 위험성을 적극적으로 알렸다. 세계에서 가장 큰 아이스크림 회사의 상속자가 아이스크림의 유해성을 알리는 환경 운동가가 되었다는 사실은 세상의 이목을 끌기에 충분했다. 사람들은 유해 식품에 더욱 많은 관심을 갖게 되었다. 그러다 존은 1987년에 채식의 중요성을 다룬 『육식, 건강을 망치고 세상을 망친다』라는 책을 발간하였는데, 그 책

내 양심은 답을 알고 있다.
그래서 양심대로 행동한다

은 육식을 신봉하는 미
국인들에게 충격을 던져
주었다.

　사람들은 존 로빈스
에게 강력히 항의하였다.
　"이봐! 우리 미국인의
원동력은 육식이라고!
채소만 먹는 사람이 무슨
힘을 낼 수 있단 말이야!"
　"우리 아이들이 아이
스크림을 얼마나 좋아하
는데, 이제는 당신 때문
에 맘 편히 아이스크림콘 하나도 먹지 못하게 되어 버렸잖아
요!"

　존 로빈스는 차분하게 사람들을 설득하였다.

　"말씀하신 대로 미국인들은 주로 육식을 하고 특히 아이들
은 1주일에 평균 7개의 햄버거를 먹으면서 자라고 있습니다.
그리고 그런 아이들이 성인이 된 이후에는 비만과 당뇨, 고혈
압 등으로 많은 고통을 받게 됩니다. 이러한 질병을 주로 유발
하는 식품들은 치즈, 우유, 아이스크림 등 유제품과 가공 축산
물 등이 해당됩니다. 채식만으로도 충분히 영양소를 공급받을
수 있고 건강한 삶을 영위할 수 있습니다."

　하지만 사람들은 여전히 고기를 먹고 유제품을 먹었다. 산

발적인 소규모 운동과 집필 활동만으로는 자신의 주장을 알리기 힘들다고 생각한 존 로빈스는 큰 규모의 활동을 펼칠 수 있는 단체를 조직하는 것이 급선무라고 판단했다. 그래서 책을 출간한 이듬해인 1988년에는 비영리 단체인 '지구 구조대 인터내셔널(Earth Save International)'을 조직하였다. 그리고 본격적으로 환경 운동을 시작하여 비위생적인 도살과 동물에게 고통을 주는 축산업의 구조를 적나라하게 밝히는 데 앞장섰고, 우리가 먹는 식품들의 위험성을 과학적으로 분석하고 체계적으로 비판하였다.

"저희는 범세계적 환경 운동 본부입니다. 존 로빈스 씨에게 전해 드릴 소식이 있습니다."

"무슨 소식이죠?"

"존 로빈스 씨의 환경 운동에 대한 공로를 인정하여 세계적인 환경 운동가였던 레이철 카슨 씨의 이름을 딴 '레이철 카슨상'을 수여하기로 결정하였습니다."

존 로빈스와 그의 아내는 얼싸안고 기뻐하였다. 아이스크림 집안의 상속자로 태어나 환경 운동가로의 공로를 처음으로 세상 사람들에게 인정받은 것이었다.

그 이후에 존 로빈스는 더욱 영향력 있는 환경 운동을 펼칠수 있었다. 동시에 그는 환경 운동 과정에서 수집한 내용들을 모아 책으로 출간하였는데 그 책이 바로 존 로빈스의 대표 저서인 『존 로빈스의 음식 혁명: 육식과 채식에 관한 1000가지 오해』이다. 그는 이 책에서 유기농 음식에 대한 정보를 제공하

착한 세계들—인식, 정의, 공감

내 양심은 답을 알고 있다.
그래서 양심대로 행동한다

고, 유전자 조작 식품의 위험성, 축산 공장의 비인도적 집단 사육 등에 대해 다루었다. 또한 과학적인 방법으로 유제품과 육류의 위험성을 분석하였다. 이 책은 특히 유제품이 우유로 만들어졌기 때문에 건강할 것이라는 사회적 편견을 바꾸는 계기를 마련해 준 유명한 책이 되었다.

또, 그는 패스트푸드의 위험성에 관한 내용을 다룬 다큐멘터리 영화 〈슈퍼 사이즈 미(Super Size Me)〉(모건 스펄록 감독, 2004)에 출연하여 패스트푸드와 정크 푸드의 유해성에 관하여 인터뷰를 하였고, 2006년에는 『Healthy at 100』이라는 건강 관련 책을 출간하였는데, 특이하게도 화학 약품을 일절 사용하지 않고 100% 천연 재료만을 사용하여 책을 출간하였다.

여전히 환경 운동가로서의 독자적인 행보를 걷고 있는 그에게 사람들이 물었다.

"그 많은 재산과 명예를 거부하고 왜 환경 운동가가 되기로 결심하셨나요?"

존 로빈스는 대답했다.

"그 질문을 저는 가장 많이 들었고 그 질문을 받을 때 저는 그 선택을 후회하기도 했습니다. 하지만 저는 제 자신에게 수십, 수백 번의 질문을 던졌고 그때마다 나온 답은 단 하나였습니다. '세상의 기준이 무엇이든 내 양심에 따라 행동할 것' 그것이 바로 정답이었습니다."

※ 다음 글을 읽고 존 로빈스와 하토야마 유키오 전 총리가 어떤 점에서 공통점이 있는지 발표하고 이러한 용기 있는 행동들을 할 수 있게 하는 원동력은 무엇인지 생각해 보자.

하토야마 전 총리, "진심으로 죄송하고 사죄한다"

하토야마 유키오 전 일본 총리가 2015년 8월 12일 오후 서울 서대문 형무소를 방문했다. 서대문 형무소는 일제 강점기 독립운동가들이 수감됐던 곳이다. 그는 유관순 열사가 투옥되었던 옥사 등을 둘러본 뒤 순국선열 추모비에 헌화한 뒤 무릎을 꿇고 묵념했다.

그는 일본의 전직 총리로서, 한 사람의 일본인으로서, 한 사람의 인간으로서 서대문 형무소를 방문하게 되었다며 유관순을 비롯한 많은 분들이 이곳에서 고문당하고 목숨까지 잃었다는 사실에 진심으로 죄송하고 사죄한다는 말씀을 드린다고 소감을 밝혔다.

또한 그는 13일에 열린 2015 동아시아평화국제회의 기조연설에서 "진정한 애국심이란 과거의 역사적 사실에 눈감지 않고 잘못한 것에 대해서는 사과할 줄 아는 용기"라고 강조했다.

양심을 지키는 기업이 많아야 모두가 잘 살 수 있다

— 유일한

세상을 놀라게 한 회장님의 유언장

"세상에, 이럴 수가. 정말 대단해."

"이게 정말 대기업 회장의 유언장이 맞단 말이야?"

일찍이 단 한 번도 없었던 특이한 유언장의 내용을 알고 난 후 많은 사람들이 저마다 한마디씩 하였다. 우리나라 굴지의 대기업 회장이 남긴 유언장 때문이었다. 이 유언장의 내용은 우리 사회를 잔잔한 충격과 감동에 빠지게 하기에 충분하였다.

유언1. 가지고 있던 주식을 자녀들에게 상속하지 않고 사회에 기부한다.

유언2. 아들에게는 대학 졸업까지 잘 가르쳤으니 이후는 잘 자립하도록 당부한다.

유언3. 손녀에게는 딱 대학 졸업까지 필요한 만큼의 유산을 남긴다.

유언4. 그 외의 보유 주식은 한국 사회를 위해서, 교육에 쓰이길 원한다.

이런 내용의 유언장을 남긴 사람은 바로, 우리나라의 제약 산업을 이끌어 왔을 뿐만 아니라 후학 양성에도 힘써 온 유일한(1895~1971) 회장이다. 유일한 회장은 일제 강점기에는 독립 운동을 위해 활동하였고, 해방 이후에는 제약 회사 '유한양행'을 설립하여 국민의 건강 증진을 위해 한평생 애쓰면서도 투명한 기업 관리를 위해 노력하여, 건전한 기업 경영인의 상징적인 존재로 알려진 인물이다.

기업인과 수전노가 다른 점은?

1935년 유한양행은 '네오톤토닉'이란 의약품을 제조하여 판매하기 시작하였다. 강장제인 네오톤토닉은 신체 허약, 신경 쇠약, 빈혈증 등 여러 쇠약 증상에 효험이 있는 약이었다. 하지만 그 당시의 다른 강장제들은 효능을 과대광고하며 실제로는 마약 성분을 넣어 판매하는 경우가 많았다. 마약 성분으로 인

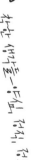

착한 생각들—양심, 정직, 겸손

: 양심을 지키는 기업이 많아야 모두가 잘 살 수 있다

해 일시적으로 통증이 완화되고 몸이 치유되는 것처럼 느껴지기 때문에 약을 찾는 사람들이 많았지만 결과적으로는 몸을 더욱 망가뜨릴 위험이 있었다.

이렇게 즉각적인 효과를 주는 다른 약들에 밀려 유한양행의 네오톤토닉은 판매가 주춤할 수밖에 없었다. 그러자 유한양행의 직원들 중에서도 약을 제조할 때 마약 성분을 첨가하여 효과를 더욱 높여야 판매 실적을 올릴 수 있다고 주장하는 사람이 나타나기 시작했다. 이 말을 들은 유일한 회장은 직원들을 모아 놓고 단호하게 말했다.

"우리 회사의 생명은 정직과 신용임을 잊었습니까? 약의 효과를 빨리 내기 위해 마약 성분을 섞는다면 그것은 소비자를 속이는 행위이고, 근본적으로는 국민의 건강을 크게 해치는 일입니다. 그런 치졸한 생각을 지니고 있는 사람들과는 함께 일할 수가 없을 것 같으니 당장 사표를 쓰고 나가시오!"

유일한 회장의 엄한 호통을 들은 직원들은 그제야 실수를 깨달았다. 당장의 이익보다는 국민 건강의 증진이라는 큰 사명감을 지니고 일해야 함을 안 것이다. 유일한 회장은 조용해진 직원들을 향해 말했다.

"기업의 기능이 단순히 돈을 버는 데만 머문다면, 기업인들은 수전노와 같은 것일 뿐임을 명심해야 합니다. 당신들은 수전노가 되고 싶은 것입니까? 저는 양심을 지키는 일을 택할 것입니다."

1960년대 말 정부에서는 양화대교를 건설하기 위해 인근 땅을 매입하고 있었고 인근의 주민들은 위원회를 만들어 정부로부터 더 많은 돈을 얻어 내기 위해 투쟁을 하고 있었다. 마침 그 일대 땅 일부가 유한양행의 회사 부지로 속해 있었는데, 당시 회사의 총무부장이 주민들의 투쟁에 동참하고 있었다. 땅값을 올려 받음으로써 더 많은 이익을 챙기기 위해서였다. 그 이야기를 전해 들은 유일한 회장은 총무부장을 집무실로 불렀다.

"회장님, 찾으셨습니까?"

"어서 들어오게. 내 물어볼 말이 있어서 불렀네."

"네, 말씀하십시오."

"지금 양화대교 인근 땅값을 올려 받기 위해 주민들이 투쟁을 하고 있고 총무부장도 참여하고 있다고 들었는데 그 말이 사실인가?"

"네, 사실입니다."

"내가 듣기론 땅값이 공사 계획 이전보다 몇백 배 올랐다고 들었는데 정부를 상대로 투쟁을 하는 이유가 무엇인가?"

"주민들은 정부가 제시한 평당 4천 원이 아닌 1만 2천 원을 요구하고 있습니다. 저희도 주민들과 뜻을 함께한다면 많은 이익을 남길 수 있을 것입니다."

"정부가 제시한 현재의 금액을 받는다면 우리 회사에 이익이 있는가, 없는가?"

180

착한 생각들—마음 정리 컴

양심을 지키는 기업이 많아야
모두가 잘 살 수 있다

"그 금액만으로도 당연히 엄청난 이익이 있습니다."

"그런데도 만족을 못 한단 말인가! 정부가 국민들을 위해 다리를 건설하는 중요한 사업을 하는데 기업에서 땅을 무상으로 내놓지는 못할망정 돈 때문에 투쟁을 해?"

회장님의 호통을 들은 총무부장은 황급히 주민 위원회에서 탈퇴하고 그 땅을 정부가 원하는 가격에 넘겼다. 총무부장의 그러한 행동이 유일한 회장의 지시라는 것을 알게 된 주민들은 회사를 찾아와 항의를 하였다.

유일한 회장은 흔들림 없는 목소리로 주민들에게 말했다.

"집과 건물, 땅을 투기 대상으로 삼는 것은 나라를 망하게 하는 지름길입니다. 주민 여러분에겐 생계가 달린 일이니 막지 않겠지만, 저희 같은 기업이 국익보다 사적인 이익만을 좇으면 결국 그 손해는 여러분에게 돌아갈 것입니다. 그렇지 않겠습니까?"

할 말이 없어진 사람들은 순순히 물러날 수밖에 없었다. 그 이후로도 유일한 회장은 집이나 건물, 땅 값이 올라 불로 소득이 생겼을 때에 자기 것으로 챙기지 않고, 어떤 형태로든 사회로 환원하는 것을 잊지 않았다.

기업의 이익이란 성실한 기업 활동의 대가로 얻어야 한다

1962년, 유일한 회장은 유한양행의 주식을 공개하겠다고

대내외에 밝혔다. 기업 공개를 하겠다는 선포였던 것이다. 기업 공개는 대부분의 기업들이 꺼리는 것으로 1974년에 이르러서야 대통령 특별 지시로 시행된 것임을 감안할 때, 유일한 회장의 그러한 조치는 매우 파격적인 것이었다. 당연히 사내에서도 반발이 만만치 않았다.

"안 됩니다. 다들 꺼리는 기업 공개를 우리가 발 벗고 나서서 한다는 것은 회사의 위험을 자초하는 일입니다."

"여러분이 우려하는 바는 잘 알고 있습니다. 하지만 나는 기업 공개를 통해 더욱 많은 외부 자원을 유치할 계획입니다. 우리 기업의 투명성을 투자자들이 알게 된다면 더욱 많은 투자가 이어질 것입니다."

"지금 우리 회사의 재무 구조는 외부의 자금이 없더라도 충분히 운영이 가능합니다. 굳이 주식을 공개하여 경쟁사나 외부로부터 위험을 자초할 필요가 없습니다. 기존의 투자자들이 반발할 것입니다."

"지금 우리 회사는 소수의 투자자들에 의해 좌우되고 있습니다. 그런 회사에 어찌 큰 발전을 기대할 수 있겠습니까. 회사가 다소 시끄러워지겠지만 장기적으로는 기업의 경영에 많은 사람들이 참여하는 것이 도움이 될 것이라 판단합니다."

많은 논란과 우려 속에서도 유일한 회장의 고집으로 결국 주식 공개가 실시되었다. 그런데 놀랍게도 유한양행의 주식은 공개 후 액면가보다 여섯 배 이상 급등했다. 유일한 회장의 선견지명이 맞아떨어진 것이었다.

한한 생각들, 다짐 결심, 힘!

182

양심을 지키는 기업이 많아야
모두가 잘 살 수 있다

유일한 회장의 신념 덕분에
나눔, 환원의 정신이 우리 사회에 뿌리를 내릴 수 있었다.

"난 투명한 주식의 공개가 기업이 당연히 갖춰야 할 기업 윤리라고 생각하고 있고, 그 기업 윤리를 우리 회사부터 지키고 싶소. 기업 공개를 통해 자본과 경영을 분리하는 것만이 기업이 발전할 수 있는 길이오."

이렇게 유일한 회장은 우리나라 최초로 기업 공개를 통해 경영 현황을 투명하게 대외에 알리는 정책을 펼쳤다. 결과적으로는 신용이 두터운 회사로 거듭난 유한양행은 더욱 성장할 수 있었다. 그리고 다른 기업들과는 달리 세금을 조작하거나 탈세를 하지 않는 등 건전하고 투명한 기업 문화를 선도하는 대표 주자가 되었다.

'가진 것'은 '돌려주어야 할 것'이고 '나누어야 할 것'

'노블레스 오블리주(noblesse oblige)'란 '사회 고위층 인사에게 요구되는 높은 수준의 도덕적 의무'라는 뜻을 지닌 말로, 이 말은 사회를 이끌어 나가는 사람들이 기억하고 명심해야 할 가장 기초적인 덕목을 지칭하는 용어이다. 하지만 현재에는 경영권 다툼이나 이익 다툼, 혹은 이른바 '갑질 논란'으로 사회적으로 물의를 일으키는 기업인들이 속출하는 등 그 정신을 실천하는 사례를 찾아보기 힘들어 오히려 유명해진 용어이기도 하다.

하지만 유일한 회장의 생애와 그가 남긴 유언장은 우리 사회가 얼마든지 정의로운 가치관을 실현할 수 있는 가능성을 갖

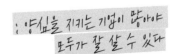
: 양심을 지키는 기업이 많아야
모두가 잘 살 수 있다

고 있음을 보여 주었고, 많은 이들의 가슴에 희망을 새겨 주었다. 이 유언장을 통해 국민은 '가진 것을 얻은 것으로 생각하지 않고 돌려주어야 할 것, 나누어야 할 것'으로 굳게 믿었던 유일한 회장의 기업가 정신에 감동받았다. 이러한 유일한 회장의 신념 덕분에 나눔, 환원의 정신이 우리 사회에 뿌리를 내릴 수 있었고, 어느 위치에서든 양심을 지키는 정신은 우리 모두가 물려받아야 할 귀중한 유산이 될 수 있었다. 양심적 기업인으로 살아온 유일한 회장은 1971년에 향년 76세로 사망할 당시에는 전 재산을 사회와 교육에 환원하여 많은 이들의 존경과 칭송을 받으며 한 생애를 마감하였고 여전히 우리 사회에서 가장 존경받는 기업인으로 남아 있다.

※ 다음 공익 광고는 '나눔과 배려'에 대한 현대인의 태도를 비판적으로 풍자하고 있다. 현대인에게 이러한 태도가 만연한 이유를 설명해 보고, 우리가 가져야 할 바람직한 나눔과 배려의 태도는 어떤 것인지 생각해 보자.

6부

이웃과 국가를 향해 표현하시고
개인을 넘어서야는 사랑

— 케이프 타마싱

인도에서 가장 사랑받는 재벌, 12억 인도의 리더
— 라탄 타타

사람들이 비에 젖지 않게

라탄 타타(Ratan Tata, 1937~) 회장은 인도의 대기업 타타 그룹의 총수이다. 2002년 라탄 회장이 인도의 방갈로르 지방을 지날 때였다. 비가 유난히 억수같이 내리는 날이었다.

"오늘따라 비가 많이 내리네."

라탄 회장은 차창 밖으로 쏟아붓는 빗줄기를 물끄러미 쳐다보며 운전기사에게 말을 걸었다.

"비가 많이 내리는 우기에 접어들었다고는 해도 장대같이 굵은 비가 내리니 걱정이네요. 벌써 3일째 퍼붓네요."

운전기사도 폭우가 걱정이 된다는 듯 심각한 목소리로 라탄 회장에게 대거리를 했다. 그러고는 서서히 자동차의 속력을 줄이기 시작했다. 저 멀리 물구덩이가 보였던 것이다. 그때 라탄 회장의 눈에 들어온 것은, 빗길을 뚫고 달리는 조그만 스쿠터 한 대였다. 놀랍게도 그 조그만 스쿠터에 무려 네 명의 사람이 타고 있었다. 40대쯤 되어 보이는 남자가, 아내인 듯한 여자와, 열 살 안팎의 어린아이 둘을 태운 것이다. 큰아이는 남자의 가슴 쪽에 겨우 걸터앉아 핸들을 힘겹게 붙잡고 있고, 작은아이는 뒷좌석의 엄마 품에 안기어 있는데, 작은아이를 품에 안고 남편의 허리를 간신히 붙잡고 있는 아내의 모습은 위태로워 보이기까지 하였다. 스쿠터가 폭우 속을 달리자 우산도, 비옷도 없는 그들은 수없이 많은 빗방울을 온몸으로 받아 내야만 했다. 그들의 몸은 마치 수영장에서 지금 막 나온 것처럼 흠뻑 젖어 있었다.

"아니, 저렇게 비를 맞고 스쿠터를 운전해서야, 원!"

라탄 회장이 그들을 안쓰럽게 보는 것도 잠시, 네 명이 타고 있던 스쿠터가 잠시 기우뚱하는가 싶더니, '아!' 하는 외마디 비명 소리와 함께 그만 빗길에 미끄러져 버리고 말았다. 미끄러진 스쿠터가 근처 물구덩이로 처박히면서 스쿠터에 타고 있던 네 사람은 모두 흙투성이가 되어 버렸다. 다행히 속력이 빠르지 않았고, 물구덩이가 충격을 완화해 주어서 크게 다치지는 않았지만 그 모습을 지켜본 라탄 회장의 마음은 착잡했다.

"이렇게 비가 오는 날에 온 가족이 비를 홀딱 맞으며 스쿠터를 타야 하는 현실이 가슴 아프다."

190

하얀 신발끈 - 헨리 피터슨

: 인도에서 가장 사랑받는 재벌
12억 인도의 리더

혼자 중얼거리는 라탄 회장의 말을 듣고 있던 운전기사가 조심스럽게 말을 꺼냈다.

"물론 자동차가 있으면 좋겠지만, 그 비싼 자동차를 우리 서민들이 언감생심 어떻게 타고 다닐 수가 있겠습니까? 스쿠터를 타고 다닐 수 있는 사람은 우리나라에서는 그나마 먹고살 만한 사람들 아니겠습니까?"

라탄 회장은 무엇인가를 크게 깨달은 듯 운전기사에게 갈 길을 재촉했다.

"여보게, 어서 회사로 돌아감세."

이날 라탄 회장이 직접 보고 들은 내용은 며칠 후 열린 이사회의에서 새로운 사업 아이템 아이디어가 되어 돌아왔다.

"우리 인도의 서민 누구나 쉽게 구입하여 탈 수 있는, 세계에서 가장 저렴한 자동차를 만듭시다."

라탄 회장은 비 오는 날 온 가족이 비를 맞으며 달리던 스쿠터를 목격한 후, 오로지 그 사람들을 위한 사업 아이템을 구상하였던 것이다.

"이익을 남기려고 하지 말고, 값은 저렴해도 성능이 좋은 자동차를 만들어 서민들에게 보급합시다. 비가 오는 날에도 온 가족이 비에 젖지 않고 단란하게 이용할 수 있는 자동차 말이오."

라탄 회장의 평소 성품으로 보아 한때의 감성에서 나온 빈말이 아니었다. 이 사업은 즉시 실행에 옮겨졌다. 오랜 고뇌와 회의 끝에 구체적인 청사진이 나오자, 곧 사업 계획을 발표하였고, 많은 사람들이 있는 이 자리에서 라탄 회장은 공약을 하였다.

"서민들에게 보급할 저렴한 자동차를 만들 것입니다. 가격은 10만 루피(한화로 약 200만 원) 이내로 판매할 것을 약속합니다. 물론 자동차의 성능과 안전에 소홀함이 없도록 최선을 다할 것입니다."

그러나 초저가 자동차 개발 과정은 순탄하지 않았다. 초저가 자동차라고 해서 그냥 싸게만 만들면 되는 것이 아니었다. 제작에 드는 원가에 대비하여 더 좋은 품질의 자동차를 만들어야 했기 때문에 이전에 없던 혁신적인 기술이 요구되었다. 초저가 자동차 개발 과정은 무수한 시행착오와 고난의 연속이었다. 하지만 라탄 회장은 끝없이 올라오는 실패에 대한 보고를 받으면서도 단 한 번도 직원들을 나무라지 않았다. 오히려 기술 회의 시간에 직접 참여하며 새로운 아이디어를 찾도록 도왔다.

2008년 인도의 서민을 위한 자동차, '타타 나노'가 완성되어 언론에 공개되었다. 오랜 숙원이 드디어 결실을 맺었으나 사람들은 환호하기보다는 반신반의하는 눈치였다.

"엄청난 개발 비용을 투자했다지?"

"긴 시간 동안 수없이 많은 연구 과정을 겪었다며?"

"그렇게 투자를 하고도 설마 10만 루피에 판매를 하겠어?"

"아무렴, 그보다는 훨씬 더 비싼 가격에 팔겠지."

이런 여론을 감지한 라탄 회장은 즉시 반박했다.

"약속은 지키라고 있는 것입니다. 제작 전에 공약한 대로 10

: 인도에서 가장 사랑받는 재벌
12억 인도의 리더

만 루피에 판매할 것입니다. 기업의 이익보다 중요한 것이 바로 우리 국민들의 편의와 행복입니다."

라탄 회장의 이 말은, 섣부른 오해를 일삼던 사람들을 한순간에 부끄럽게 만들었다. 라탄 회장은 자신이 했던 말에 끝까지 책임을 졌으며 국민을 생각하는 진심 어린 마음은 인도 국민들뿐만 아니라 전 세계인을 감동시켰다.

사람들이 마음껏 물을 마실 수 있게

라탄 회장이 인도에서 존경받는 기업인이 된 것은 비단 타타 나노 때문만은 아니다. 2004년 12월 26일 인도양에서 큰 지진이 일어났을 때였다. 이 지진은 인도의 동남쪽에 위치한 첸나이를 덮쳤다. 지진과 해일로 인한 피해가 극심했다. 많은 사람들이 목숨을 잃었다. 하필 빈민촌이 몰려 있는 지역이라 그곳의 참상은 이루 다 말할 수가 없을 정도였다. 사람들의 보금자리였던 판잣집이 쓸려 나가고 온 마을이 쓰레기로 뒤덮여 간신히 목숨을 부지한 사람들조차도 삶을 이어 나가기 힘든 지경이 되었다.

이 소식을 전해 들은 라탄 회장은 고심했다. 측근들을 모아 놓고 운을 떼었다.

"우리 기업은 늘 가난한 서민들과 함께 살아가고 있다는 것, 여기 있는 분들이 잘 알고 있잖습니까. 고난에 빠진 사람들을 위해 우리 회사가 해 줄 수 있는 일이 무엇일까요?"

곁에 있던 한 측근이 회장의 고심을 알아챘는지 진지한 표정으로 조심스레 말을 꺼냈다.

"다른 회사는 성금을 모금하기도 하고, 구호 물품을 보내기도 한다고 합니다."

"정말 그들에게 필요한 것이 돈이나 구호 물품뿐일까요? 우리 현장으로 한번 함께 가 봅시다."

말을 마치기가 무섭게 라탄 회장은 지진이 일어났던 피해 현장으로 발걸음을 재촉했다. 라탄 회장은 현장에 도착하여 이재민과 며칠 동안 함께 지내며 그들에게 진짜로 필요한 것이 무엇인지 찾아내려 하였다. 구호 물품을 실은 트럭이 때마침 도착했다. 그런데 갖가지 물품 중에 현장의 사람들이 가장 먼

: 인도에서 가장 사랑받는 재벌
12억 인도의 리더

저 손을 뻗는 것은 바로 생수였다. 라탄 회장은 그 모습을 놓치지 않았다.

"저들에게는 많은 것이 필요하지만, 무엇보다도 급한 것은 물이다. 그래 바로 물이다."

실제로 면밀히 그 지역을 살펴본 결과, 지진 발생 후에 급수 시설이 모두 폐허가 되었고, 마을을 가로지르는 시냇물이나 여기저기 고인 저수지나 웅덩이의 물은 심각하게 오염되어 그 물을 마신 사람들이 병에 걸리는 상황이었다. 사태를 정확히 파악한 라탄 회장은 회사로 돌아와 간부들과 연구진들에게 호소했다.

"물을 깨끗하게 하는 정수 장치를 어서 그들에게 만들어 줍시다."

"하지만 가정용 정수기를 만들어서 모두 보급하기에는 시간이 촉박합니다."

전자 제품을 만드는 엔지니어 한 명이 문제를 제기하였다. 이 문제를 해결하기 위해 타타 그룹은 짧은 시간 안에 최대한 많은 사람들이 이용할 수 있도록 대형 정수기를 제작하기로 결정했다. 라탄 회장은 그룹 내의 관련 회사들이 역량을 모아 대형 정수기를 만들도록 독려했다. 얼마 되지 않아 정수기가 완성되었고, 물 부족으로 고통받고 있는 현장에 설치된 정수기는 그 지역 사람들에게 소중한 생명의 우물이 되었다.

그리고 이때 쌓은 노하우를 바탕으로 불과 몇 년도 안 되어 타타 그룹은 1천 루피(한화로 약 2만 원) 정도로 저렴한 가정용 정수기를 개발하였다. 당시에 지진이 일어났던 지역 말고도 인도 전역에서 많은 사람들이 오염된 물을 마시고 질환을 앓거나 목숨을 잃은 일이 많았다. 대부분 빈민층 사람들이었다. 이런 문제점을 알게 된 라탄 회장은 '타타 스와치'라는 이름의 정수기를 대량 생산하여 인도 전역에 보급하여 많은 사람들이 깨끗한 물을 마실 수 있도록 한 것이다. '서민들도 얼마든지 깨끗한 물을 먹을 수 있도록 해야 한다.'는 이타적 리더십으로 그는 인도 국민들의 전폭적인 지지를 받게 되었다.

기업이 번 돈을 다시 국민들에게

그의 본분은 자선 사업가 아니라 기업인이었다. 라탄 회장은 한 기업을 이끄는 리더로서도 착한 생각을 가지고 착한 실천을 많이 했던 사람이다. 2008년 11월 26일 인도 뭄바이에 있는 타지마할 호텔에서 발생한 최악의 테러에 대응했던 라탄 회장의 행동 또한 널리 회자되고 있다. 이 호텔은 타타 그룹의 자회사였다.

총으로 무장한 괴한들이 2박 3일 동안 이 호텔을 점거하고 난동을 부렸다. 이로 인해 호텔에 머물던 수천 명이 비상 대피하여야 하는 상황이었다. 당시 호텔 직원들이 목숨을 아끼지 않고 손님들을 대피시킨 덕분에 1,500여 명이 안전하게 대피할 수 있었다. 그러나 이 과정에서 12명의 호텔 직원이 희생되

착한 생각들 – 재벌, 리더십

: 인도에서 가장 사랑받는 재벌
12억 인도의 리더

는 불상사가 발생하였다.

그런데 이때 희생된 직원들에 대한 타타 그룹의 보상이 파격적이었다. 타타 회장은 "희생된 직원이 살아 있다고 가정하고 그 직원이 은퇴할 때까지의 모든 급료를 계산하여 한꺼번에 지급하라."고 지시했다. 12명 모두에게 수십 년의 급료를 한꺼번에 지급한 것이다. 그뿐만이 아니었다.

"사망한 직원의 유가족 모두에게 평생 의료비를 지원하라. 유자녀가 있다면 평생 학비를 대학교, 아니 대학원, 유학비까지 모두 지원하라. 사망한 직원에게 부채가 있다면 모두 탕감해 주어라."

라탄 타타 회장의 보상은 일반인의 상상을 뛰어넘었다. 그러나 무엇보다도 유가족을 감동시킨 것은 따로 있었다. 인도 최고의 경영자인 라탄 타타 회장이, 테러로 사망한 직원의 유가족과 부상당한 직원의 집을 일일이 방문하며 진심으로 그들을 위로했다는 점이다. 더욱이 그는 사흘 내내 희생자의 장례식장을 직접 찾아다니며 조문하였다. 그는 회장의 자리에서 그저 군림하는 리더가 아니었다. 모든 문제 상황에 직접 뛰어 들어가 솔선수범하고, 직원들은 물론 인도의 전 국민을 생각하며, 마음으로 그들을 움직였던 진정한 리더였다.

또 타타 그룹이 보유한 자산의 66%는 자선 단체가 소유하고 있다. 이런 특이한 기업 구조 덕분에, 타타 그룹이 사업을 잘해서 이익을 많이 남기면 자선 단체 즉 국민들에게 그 이익이 저절로 되돌아가게 되어 있다.

국가에 큰일이 있을 때나 생색내기용으로 거액의 성금을 방송 혹은 언론 기관에 기탁하는 우리나라 대기업의 모습과 비교해 보면, '타타 그룹'이 우리나라의 재벌들처럼 국민들의 지탄을 받지 않고 존경과 사랑을 한 몸에 받는다는 것은 어쩌면 지극히 당연한 일이다. 라탄 타타 회장은 우리나라에서 보기 힘든, 진심으로 나눌 줄 아는 '베풂의 리더'가 아닐까? 2008년 세계적인 경제지『포브스』는 그를 세계에서 가장 존경받는 비즈니스 리더로 선성하였다.

※ 다음 사진들이 우리에게 감동을 주는 까닭은 무엇일까? 이를 바탕으로 타인을 위한 진정한 '배려'란 어떤 것인지 생각해 보자.

우리 문화재를 지키는 것이 우리나라를 지키는 일

— 전형필

이 많은 재산으로 내가 할 수 있는 일은?

1930년 와세다 대학교를 졸업한 24살의 청년 전형필(1906~ 1962)이 상복을 입고 서울로 돌아왔다. 그는 일본 유학 기간 중에 부친상을 당했다. 조선에 돌아와 상을 치른 전형필은, 아버지가 유산으로 남긴 전답을 둘러보면서 이 재산을 어떻게 쓸 것인가를 고심해야 했다. 그는 막대한 재산을 보면서 고등학교 때 스승이었던 고희동 선생님의 말씀을 떠올렸다.

"책과 그림에는 우리 민족의 정신과 혼이 담겨 있어. 그런데 일본인들이 이것들을 죄다 사들이고 있어. 이러다가는 나중에 독립이 된들 우리 손에 아무것도 남지 않게 될 거야."

199

"선생님, 우리 민족을 위해 무엇인가 하고 싶은 마음은 간절한데 제가 할 일이 있을까요?"

전형필이 비장한 목소리로 스승에게 물었다.

"선조들이 남긴 귀중한 책과 그림을 왜놈들로부터 지켜 다오."

"네, 선생님. 제가 힘닿는 데까지 최선을 다해 우리 것을 지키겠습니다."

그는 선친으로부터 물려받은 어마어마한 재산을, 혼자 잘먹고 잘 사는 일에 사용하지 않고 우리 문화재를 지키는 데 사용하기로 결심했다. 이미 일본으로 유출된 문화재는 조선으로 되찾아 오고, 아직 알려지지 않은 문화재는 직접 발굴하여 보존하는 등, 우리 문화재 지킴이로서의 삶을 살기로 결심한 것이다.

전형필은 스승의 소개로, 또 한 명의 스승을 모시게 되는 행운을 얻었다. 3·1 운동을 이끌었던 33인 중의 한 사람이고, 독립운동가이자 언론인이었던 오세창 선생이었다. 그는 유명한 글씨와 그림 등에 관심이 많아 고서화 등을 보는 안목이 매우 뛰어났다. 전형필이 그를 찾아가 자신이 하고자 하는 일에 도움을 주십사 간곡하게 부탁을 드렸다.

"제가 감히 민족을 위해 우리 옛 책과 그림을 모으고자 합니다."

그는 전형필의 원대한 뜻과 성품을 확인하고는 기꺼이 그를 제자로 받아들임과 동시에 전형필에게 직접 '간송'이라는 호를

우리 문화재를 지키는 것이
우리나라를 지키는 일

일본으로 유출된 문화재는 조선으로 되찾아 오고,
아직 알려지지 않은 문화재는 직접 발굴하여 보존하는 등,
우리 문화재 지킴이로서의 삶을 살기로 결심한 것이다.

지어 주며 특별한 애정을 보였다. 이 두 분의 스승 덕분에 옛 물건을 바라보는 전형필의 안목도 점차 비범해졌다.

전형필과 한 일본인이 탁자 하나를 마주하고 앉아 있었다. 탁자 위에는 매끄럽게 잘 빠진 고려청자 한 점이 놓여 있었다. 청자 매병이었다. 청자의 표면에는, 비취빛 하늘에 흰 구름이 둥실둥실 떠다니고 수십 마리의 학이 마치 살아 있는 듯 날아다녔다.

'이건 청자 표면에 그려진 그림이 아니라, 마치 창밖으로 내다보는 실제 풍경같이 영롱하구나. 이런 보물을 일본인이 가지고 있게 내버려 두어서는 절대 안 되지. 반드시 되찾아 오고야 말겠어.'

전형필은 마음속으로 이 물건을 반드시 손에 넣어야 한다는 사명감에 불타고 있었다. 밀고 당기는 홍정조차 할 필요가 없었다. 그때 건너편에 앉아 있던 일본인이 소리쳤다.

"2만 원이면 팔겠소. 그 이하로는 말도 꺼내지 마시오."

그러고는 전형필의 시선을 피한 채 더 이상 입을 열지 않았다. 살 테면 사고 말 테면 말라는 식으로 배짱을 부렸다. 잠시 침묵이 흘렀다. 당시 청자 매병이 1만 원 이상으로 거래된 적이 전혀 없었던 것을 감안하면 2만 원은 터무니없는 가격이었다.

한 생각을—책을 펴다

: 우리 문화재를 지키는 것이
우리나라를 지키는 일

청자 주인은 시퍼렇게 어린놈이 설마 이런 가격에 살 수 있겠
냐는 듯 허세를 부리고 있었다.

'식민지 조선인 주제에 이런 고가의 골동품을 설마 살 수 있
겠어?'

일본인은 조선인에게 면박만 주고 자리를 떠날 요량이었다.
그러나 전형필의 반응이 놀라웠다.

"그렇게 하리다."

자신이 부른 가격을 단 1원의 흥정도 없이 흔쾌히 수락하는
전형필을 보며 청자 주인은 깜짝 놀랐다. 하지만 자기 입으로
말한 가격을 그 자리에서 무르기도 곤란하였다. 전형필이 한
치의 망설임도 없이 치른 2만 원은 당시 번듯한 기와집 20채에
해당하는 고가였다. 그가 매입한 청자는, 훗날 국보 68호로 지
정이 될 정도로, 고려청자 중에 최고의 걸작으로 꼽히는 '청자
상감운학문매병'이었다.

얼마 후 전형필의 귀가 번뜩 뜨일 만한 소식이 일본으로부
터 들려왔다. 일본에서 30년 동안 국제 변호사로 일했던 '존 개
스비'라는 영국 사람이 본국으로 돌아간다는 정보였다. 존 개
스비는 일찍이 고려청자의 아름다움에 매료되어 일본에서 일
하는 동안 고려청자를 한 점 두 점 사 모은, 수집광으로 유명한
사람이었다. 그는 일본 정세에 불안을 느껴 영국으로 떠나려고
막상 짐을 꾸리다 보니 고려청자가 마음에 걸렸다. 한때는 대
영 박물관에 기증할까 생각도 해 보았지만 도자기의 특성상 원
거리를 이동하면서 훼손되지 않을까 걱정이 되었고, 영국인들

이 과연 이 고려청자의 가치를 제대로 이해할 수 있을 것인가 의구심도 들었다. 결국 존 개스비는 일본의 골동품상에 이것을 팔고 현금을 챙겨 떠나기로 결정 내렸던 것이다. 전형필이 이를 놓칠 리 없었다. 그는 한달음에 일본으로 건너갔다.

일본의 도쿄, 개스비가 살고 있던 저택에 하얀 두루마기를 입은 전형필이 들어서자 개스비가 뜻밖이라는 듯 그를 뚫어져라 쳐다보았다. 당연히 일본의 거부가 자신의 물건을 사러 올줄 알았는데, 자신의 생각과 달리 조선인이 처음 찾아온 것에 놀라는 표정이었다. 더욱이 이제 겨우 서른이나 되었을까 싶은 앳된 청년이라니 말이다. 개스비가 내놓은 고려청자는 모두 22점이었다. 개스비가 먼저 입을 열었다.

"55만 원에 일괄 판매할까 합니다."

당시로서는 상상도 못 할 큰돈이었다. 요즘 시세로 따져 보자면 수천억 원이 넘는 금액이었다. 개스비가 제안한 금액이 하도 커서 전형필조차도 부담을 느낄 정도였다. 한 시간 두 시간 협상 시간이 길어졌다.

"당신이 수집한 귀한 고려청자에는 우리 민족의 혼이 담겨 있습니다. 조선의 물건이니 마땅히 조선인에게 파셔야 합니다."

전형필은 금액을 흥정하는 대신 고려청자가 자신에게 필요한 이유를 설명하기 시작했다.

"조선인이기 때문에 조선의 것을 지키려고 이 자리에 왔습니다. 당신이 소중히 여긴 만큼 제가 앞으로 소중하게 보존하

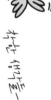
하얀 새가슴~해피 라이스 식

: 우리 문화재를 지키는 것이
우리나라를 지키는 일

겠습니다."

계속되는 간송의 말에서 결연한 의지를 느낀 개스비가 마침내 마음을 비웠다. 40만 원에 모든 물건을 넘기기로 결정하고 악수를 청했다. 아름다운 고려청자를 한 아름 안고 돌아서는 전형필의 눈에 이슬이 맺혔다. 전형필이 그날 소중히 안고 돌아온 20점의 고려청자 중에 7점이 훗날 국보와 보물로 지정되어 가치를 인정받았다.

그가 청자에만 관심이 있었던 것은 아니다. 특히 추사 김정희의 글씨, 겸재 정선의 화첩, 단원 김홍도나 혜원 신윤복의 그림에도 각별한 애정이 있어서 이름난 그림이 있다는 소식만 들리면 조선 팔도 어디든지 가리지 않고 두루 찾아다니며 고서화(古書畵)들을 사서 모았고, 삼국 시대의 불상이나 고려 시대의 석불도 고가에 매입하는 등 유물을 묵묵히 수집해 나갔다. 또한 1938년 간송은 수집한 문화재들을 체계적으로 관리할 목적으로 개인 박물관이라고 할 수 있는 '보화각'을 설립하였다. 보화각에 다양한 문화재를 안전하게 보관할 수 있게 되었는데 이 건물이 오늘날 서울 성북구에 있는 '간송 미술관'의 전신이다.

꿈에도 그리던 「훈민정음해례본」

전형필은 학생 시절부터 자주 애용하던 서점인 '한남서림'이 매물로 나왔다는 소식을 듣고, 한달음에 그곳으로 달려갔

205

다. 서점 주인과도 친분이 있던 터라 전형필이 편하게 말을 건 넸다.

"사정이 있어서 가게를 내놓으셨다고요? 많이 섭섭하시겠 습니다."

"아닐세. 서점을 운영하기 힘들어서 내놓은 것이네. 자네가 이 서점의 새로운 주인이 되어 주었으면 하네."

주인은 전형필의 됨됨이를 알고 있었기에 아끼던 서점의 새 로운 주인으로 진형필이 적격(適格)이라고 생각했다. 책을 좋아 했던 전형필은 서점 주인의 제안에 한남서림을 인수하기로 결 정하였다. 한남서림이 다른 사람 손에 들어가서 방치되는 것보 다 자신이 관리하고 싶은 마음이 들었기 때문이었다. 한남서림 을 인수하기로 한 날, 서점 주인이 전형필에게 책 한 권을 내밀 며 말했다.

"『동국정운』이라네. 이 책을 잘 보관해 주게."

"아니, 이것은 세종 임금 때 지어진 책이 아닙니까? 이렇게 귀한 책을 왜 저에게 주십니까?"

"이 책이 귀하다는 것을 아는 걸 보니, 역시 적임자는 자네 밖에 없을 듯하네."

전형필은 이어지는 서점 주인의 말에 귀를 기울였다.

"소문에 듣자 하니, 한글을 창제할 당시 글자의 제자 원리를 해설한 『훈민정음』이라는 책이 우리나라 어딘가에 숨겨져 있 다고 하네. 내가 『동국정운』을 어렵게 찾은 것처럼 자네도 부디 『훈민정음』을 찾아서 우리의 자랑거리인 한글을 온 세상에 알

206

: 우리 문화재를 지키는 것이
우리나라를 지키는 일

려 주었으면 하네."

"네, 명심하겠습니다."

전형필은 한남서림을 인수함으로써 서점 주인으로부터 귀한 책을 선물 받음과 동시에, 새로운 역사적 임무를 부여받은 셈이 되었다. 서점 주인이 말하는 책은 바로『훈민정음해례본』을 일컫는 것이었다.『훈민정음해례본』은 당시까지 발견되지 않고 있었다. 1940년대는 일제가 우리 민족의 한글 사용을 철저히 금하고 있던 시기이다. 우리 민족정신을 말살하기 위해 당시 일제도 이 책을 찾느라 혈안이 되어 있었다. 만약에 이 책을 일제가 먼저 발견한다면 상상할 수 없을 정도로 큰일을 초래할 수 있었다. 일제는 훈민정음의 가치를 깎아내리기 위해 아마도 해례본을 세상에 공개하기는커녕 사장시키거나 훼손시킬 것이 뻔했기 때문이다.

그러던 1943년의 어느 날이었다. 말쑥하게 차려입은 한 신사가 무슨 급한 일이라도 있는지 부지런히 발걸음을 옮기더니 한남서림 앞에 멈추어 섰다. 곧이어 가게로 들어선 신사는 당시 경성제대에서 국문학을 가르치던 김태준 교수였다. 전형필이 맡고서부터 한남서림은 책만 파는 곳이 아니라 고서적 등 골동품을 취급하는 수집가가 드나들고 유명한 학자들이 모여서 서로 교류하던 사랑방 역할도 하였는데 김태준 교수도 전형필과 교류를 해 오던 사람이었다. 다급하게 가게 문을 들어선 김태준 교수가 숨도 채 고르지 못하고 흥분된 목소리로 말했다.

"간송 선생님, 제가『훈민정음해례본』을 찾은 것 같습니다."

"네?"

전형필의 눈이 동그래졌다.

"제가 가르치는 제자 중에 이용준이라는 놈이 있어요. 그놈이 말하기를 안동에 있는 본가에 『훈민정음해례본』 비슷한 책이 있는 걸 봤다고 하지 뭡니까?"

"그래서요?"

전형필은 애가 탔다.

"그래서 어쩌긴요. 당장 그 녀석을 데리고 안동으로 내려갔지요. 표지가 약간 훼손됐긴 하지만 전문가가 아닌 제가 보기에도 틀림없이 『훈민정음해례본』이 맞더라고요."

"그것을 제가 어쩌면 구할 수 있겠습니까?"

"책값을 얼마나 쳐 주실 수 있는지요. 책 주인은 무려 천 원을 요구하더이다."

천 원은 당시 서울의 큰 기와집 한 채를 살 수 있는 거금이었다. 전형필은 목소리에 힘을 주어 말했다.

"제가 만 천 원을 드리겠습니다. 만 원은 제가 구하고자 하는 책값이고, 천 원은 김태준 교수님에게 드리는 수수료입니다."

"아니, 주인이 받고자 하는 천 원도 거금인데, 왜 열 배가 더 많은 돈을 주려고 하십니까?"

김태준 교수가 깜짝 놀라 물었다.

"제가 어찌 그리 헐값에 그 같은 보물을 얻을 수 있겠습니까? 『훈민정음해례본』과 같은 보물은 그 가치에 합당한 대접을

208

우리 문화재를 지키는 것이
우리나라를 지키는 일

받아야 한다고 생각합니다."

전형필은 소중한 문화재를 헐값에 사들이려고 하지 않고 그 가치를 정당하게 매겨 제값을 지불하여서 주변 사람들에게 인심을 잃지 않았을 뿐만 아니라, 문화재를 보존하려는 순수성도 인정받을 수 있었다. 우연찮게 발견된 『훈민정음해례본』 역시 그의 평소 성품대로 일을 처리하였고, 한 치의 망설임도 없는 신속하고 과감한 결정으로 다행히도 전형필의 손에 들어올 수 있었다.

전형필은 밤이 새는 줄도 모르고 『훈민정음해례본』의 책장을 넘기고 또 넘겼다.

'아, 나라의 보물이로구나. 그동안 베일에 싸여 있던 우리 한글의 비밀이 여기에 모두 담겼어.'

전형필은 책을 읽으며 놀라움을 넘어 전율을 느끼고 있었다.

'이제는 이 보물을 소중히 간직하는 숙제가 남았구나.'

우리 민족의 얼과 혼이 서려 있는 보물 중에서도 최고의 보물, 평생의 숙원이었던 『훈민정음해례본』을 손에 넣었지만 그는 마냥 행복해할 수가 없었다. 이 보물을 마음껏 세상에 자랑할 수가 없었던 것이다. 만약 이 책의 존재를 조선 총독부가 알게 되면 어떻게든 빼앗으려고 할 것이 뻔했기 때문이다.

다행히도 머지않아 광복이 찾아왔지만 전형필에게, 또 『훈민정음해례본』에도 전혀 예상치 못한 크나큰 위기가 찾아왔다. 1950년 한국 전쟁이 발발했던 것이다. 제 한 몸 추스르기도 힘든 피란 상황에서도 전형필이 가장 먼저 챙긴 것은 바로 『훈민정음해례본』이었다.

"그동안 모아 둔 문화재들을 포기하더라도 이것만은 반드시 지켜야 해."

혹시라도 잃어버릴까 걱정한 나머지, 늘 가슴에 품고 다녔으며 밤에 잘 때에도 한순간도 책에서 손을 떼지 않았을 정도로『훈민정음해례본』을 대하는 그의 태도는 극진하였다. 그의 이런 열정과 정성이 있었기에 기나긴 일제 강점기와 혹독한 한국 전쟁 속에서도『훈민정음해례본』이 꿋꿋하게 지켜질 수 있었다. 이렇게 소중히 간직된 책은 우리 민족의 긍지와 자부심을 높이는 보물이기에 1962년에 국보 70호로 지정이 되었고, 1997년에는 유네스코 세계 기록 유산에 등재되어 대한민국을 넘어서 세계의 보물이 되었다.

한얀 생각들-해피 리더스

: 우리 문화재를 지키는 것이
우리나라를 지키는 일

※ 만약에 간송 전형필이 현재까지 생존하여, 다음 글에 등장하는 '배 씨'를 만날 수 있었다면 어떻게 행동했을지 생각해 보자. 그리고 내가 만약 『훈민정음』 상주본의 소유자라면, 어떻게 했겠는지 말해 보자.

훈민정음 상주본 소장자 "1천억 주면 국가에 헌납하겠다"

『훈민정음해례본』 상주본 보유자로 알려진 배익기 씨가 평가액의 10%를 주면 상주본을 국가에 헌납하겠다고 밝혔다. 2008년 경북 상주에서 발견된 상주본은 간송본과 동일한 판본이지만 학술적 가치는 더 높다고 한다. 배 씨는 문화재청에서 계속 연락이 와서 헌납하겠다는 뜻을 밝혔다며, 최소 1조 원의 가치가 된다고 문화재청이 얘기했으니 10%인 1천억 원을 제시한 거라고 했다. 배 씨는 훔친 것도 아니고 개인이 소장하고 있는 문화재를 국보급이라고 해서 거저 내놓으라는 것은 받아들일 수 없다며, 자신의 뜻이 잘못 전해져서 마치 1천억 원에 팔아먹겠다고 알려졌는데, 그런 뜻은 아니라며 1천억 원을 보상받는다 해도 평가액 중 최소 9천억 원을 헌납하는 셈이라고 말했다.

내가 심는 나무가
사막의 희망이 된다

— 인위전

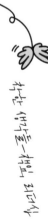

　　중국의 네이멍구에 있는 마오우쑤 사막. 이곳은 오아시스도 없고, 나무도 없고, 새도 없고, 오로지 사나운 모래바람만이 때때로 부는 곳이었다. 세월이 지나면서 모래바람은 점점 더 잦아졌다. 마오우쑤 사막 한가운데에 자리 잡은 마을 징베이탕. 모래바람에 맞서 살아가던 마을 사람들이 마침내 하나둘씩 이곳을 떠나기 시작했다. 더 이상 모래바람과 싸울 의지도, 견뎌낼 용기도 잃은 사람들이었다. 그렇게 사람들이 떠난 징베이탕에 스무 살의 청년 바이완샹만이 홀로 남게 되었다.

　　'이렇게 혼자 살다간 사막 귀신이 될지도 모르겠는걸.'

바이완샹의 고독한 나날이 기약 없이 계속되었다. 낙천적이고 순박한 바이완샹의 성격이 그나마 기나긴 고독과 싸우는 힘이 되는 듯하였다. 다행히도 바이완샹의 고독은 길게 이어지지 않았다. 불과 몇 년 후 바이완샹에게 아내가 생겼던 것이다. 이웃 마을에 살던 젊은 처녀 인위쩐(殷玉珍)이 그녀의 아버지의 뜻에 따라 어느 날 운명처럼 징베이탕에 시집을 왔다. 아버지의 손에 이끌려 당나귀처럼 징베이탕에 처음 끌려 들어오던 그날, 인위쩐의 입에서는 깊은 한숨이 저절로 내뱉어졌다.

"내가 이 사막에서 살아야 한다고? 이 토굴이 내가 살아야 할 집이라니……."

인위쩐은 남편 바이완샹이 기거하고 있는 토굴을 쳐다보며 기어코 울음을 터뜨렸다.

"이건 꿈일 거야. 이건 악몽이야. 곧 잠에서 깨어날 거야."

자신이 처한 현실이 믿기지 않는지 인위쩐은 절규하였다. 그 순간 옆에서 그녀의 어깨를 잡는 사람이 있었다.

"울지 말아요. 나도 혼자 지내는 사막이 무서웠다고요."

신랑 바이완샹이 진심으로 인위쩐을 다독여 주고 있었다. 그런 신랑의 위안에 힘을 얻었는지 인위쩐은 신랑을 향해 처음으로 입을 뗐다.

"이곳에 꽃을 심으면 안 될까요?"

바이완샹의 눈이 동그래졌다.

"꽃이오?"

"네, 꽃을 심고, 나무를 심으면 여기가 살 만한 곳이 되지 않을까요? 그렇게 되면 떠난 사람들도 돌아올 것이고, 그러면 우리는 더 이상 외롭게 살지 않아도 될 테니까요."

모래바람과 싸우다

다음 날 아침 마오우쑤의 악명 높은 모래바람이 닥쳐왔다. 굉음을 내며 불어 대는 모래바람은 생각보다 훨씬 더 무서웠다. 눈을 뜰 수 없을 정도로 거센 바람에 모래가 눈, 코, 입 가릴 것 없이 온몸을 파고들었다. 인위쩐은 남편과 함께 토굴로 서둘러 피신할 수밖에 없었다.

모래바람이 한바탕 휩쓸고 간 후, 토굴에서 나온 인위쩐이 칼칼한 목을 적실 물을 찾았다. 바이완샹이 토굴 옆에 약간 축축해 보이는 모래를 파기 시작했다. 한참 지나자 구덩이에 물이 조금씩 고이는 것이었다. 그렇게 서너 시간을 기다려서 겨우 물 한 바가지를 얻을 수 있었다. 그 물 한 바가지를 손에 들고 인위쩐은 다짐했다.

'여기서 평생 살아가야 한다면, 이곳을 살기 좋은 곳으로 바꾸어야 해.'

인위쩐은 옆에 있던 남편을 쳐다보며 의기양양하게 말을 건넸다.

"우리 나무를 심어요. 이 메마른 사막에도 땅속 깊은 곳엔 물이 있잖아요. 절망 속에도 희망은 있는 법이에요. 물이 있으

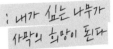

니 나무가 자랄 수 있을 거예요. 우리 나무를 심어요. 어딜 가야 묘목을 구할 수 있나요?"

"묘목은 사막을 건너 수십 리를 걸어가야 구할 수 있어요."

묘목을 구하기 어렵다는 뜻으로 남편이 말했지만, 인위쩐은 남편의 말을 들으며 '잘하면 묘목을 구할 수 있을지도 모르겠구나.'라고 희망을 품고 있었다.

아침 일찍 일어난 인위쩐은 잠자는 남편을 깨워 함께 집을 나섰다. 70리(약 27km) 떨어진 다른 마을에 있다는 묘목 가게를 찾아 나선 것이다. 대여섯 시간을 걸었을까? 묘목을 파는 가게에 도착한 인위쩐이 어렵게 말을 꺼냈다.

"저, 어린 나무가 꼭 필요한데 돈이 없어요."

인위쩐의 목소리가 점점 작아졌다. 하지만 가게 주인은 뜻밖에도 맘씨가 좋은 사람이었다.

"마침 일손이 필요하니 한나절 일하고 품삯으로 묘목 몇 그루 가져가시오."

인위쩐은 주인이 베푸는 뜻밖의 호의에 없던 힘이 불끈 솟는 듯했다. 그렇게 두 사람이 하루 종일 일하고 품삯으로 받은 것은 백양나무 묘목 서른 그루였다. 인위쩐은 묘목을 남편과 나누어서 각기 등에 메고 집으로 향했다. 피곤한 몸을 이끌고 가는 길은 멀고 험하였으나 마치 아기를 업은 듯 어린 묘목을 등에 한껏 진 두 사람의 표정만은 밝았다. 그것은 나무가 아니라 두 사람의 희망이자 미래였다.

집에 도착하자마자 인위쩐은 모래바람이 덜 부는 곳을 찾아

구덩이를 팠다. 줄을 맞춰 묘목을 심고 웅덩이에 찔끔찔끔 고이는 물을 몇 번씩이나 날라서 부었다. 모래밭에 심은 나무가 살아나려면 충분한 물이 필요한데 부족한 물은 그녀에게 아쉬움으로 다가왔다.

"비라도 내리면 좋을 텐데……."

일 년 강수량이 200밀리미터도 안 되는 이 마을에서 비가 내리기를 바라는 것은 언감생심이었다.

'다만, 한 그루라도 살아남았으면…….'

인위쩐의 바람은 간절했다. 그렇지만 며칠 뒤에 불어온 사막의 매서운 모래바람은 인위쩐의 간절한 바람을 무참하게 날려 버렸다. 심었던 나무가 뿌리째 뽑히거나 허리가 부러져 널브러져 있었다. 인위쩐은 사막에 나무를 심는 것이 얼마나 무모한 일인지 비로소 깨달았다.

그렇게 아무것도 할 수 없는 몇 개월이 흘러갔다. 인위쩐은 수개월 동안 나무 심기와 관련하여 아무것도 하지 않았지만 아무 생각도 하지 않은 것은 아니었다. 인위쩐은 그동안 여러 동네를 돌아다니며 사막에서 나무를 살릴 방법을 수소문하고 또 연구하였다. 그래서 생각해 낸 것이 바로 모래바람을 막아 줄 울타리를 먼저 치는 것이었다. 그리고 인위쩐의 친척들이 십시일반으로 모아 선물해 준 양 한 마리를 팔아 나무 600그루를 사는 것으로 새로운 도전을 시작하였다. 모래바람을 막아 줄 모래막이 울타리를 만들면서, 동시에 나무를 한 그루씩 심어 나갔고, 물이 나오는 곳으로부터 나무를 심은 곳까지 물길을

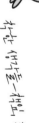

내가 심는 나무가
사막의 희망이 된다

내었다. 새벽부터 밤늦게까지 계속되는 작업이었다. 물길을 만드는 것은 생각보다 어려운 일이어서 나무를 심은 가을부터 이듬해 봄까지 매일매일 고된 작업이 계속되었다. 그들이 최종적으로 세운 울타리는 4천 미터가 넘었고, 물길은 무려 7천 미터에 육박했다. 그들의 작업은 거대한 역사(役事)와도 같았다.

그러한 무모한 도전 끝에 마침내 봄이 찾아왔다. 놀랍게도 600그루의 나무 중에 200그루 정도가 겨울을 이겨 내고 살아남았다.

"여보, 우리가 심은 나무에 새싹이 돋아나기 시작해요."

나무를 보살피던 인위쩐이 바이완샹을 향해 소리쳤다. 바이완샹이 대답했다.

"정말, 나무가 살아났군요."

인위쩐은 가슴이 뛰었다. 이제 나무가 사막에 뿌리내릴 수 있다는 확신이 드는 순간이었다. 그 후로 인위쩐 부부는 묘목값을 마련하기 위해 돼지와 양을 기르기 시작했고, 수입을 몽땅 나무를 사는 데 쏟아붓기로 하였다.

나무보다 '풀씨'

인위쩐은 꾸준히, 쉬지 않고 사막에 나무를 심어 갔다. 100그루를 심으면 50그루가 살아남았고, 200그루를 심으면 적어도 100그루는 어김없이 살아서 사막의 모래 속에 뿌리를 내렸

217

다. 어쩌다가 비가 내리기라도 하면 얼른 웅덩이를 파고 물을 여기저기 모았고, 그 물을 남김없이 모아서 나무 심은 곳으로 퍼 날랐다.

그러다가 인위쩐은 누구에게도 배운 적 없고, 들어 본 적이 없는 새로운 나무 심기 방법을 발견하게 되었다. 인위쩐이 나무를 심기 위해 모래 언덕을 넘어설 때였다.

"아, 여기에 풀이 자라고 있네!"

언덕배기에 풀 무더기가 있는 걸 보고서, 마치 반가운 사람이라도 만난 양 쭈그려 앉아 풀잎을 만지작거리며 풀 주변의 모래를 유심히 보았다.

'풀이 자라고 있는 곳의 모래는 다른 곳보다 푸석거리지 않고 단단하게 뭉쳐져 있구나. 나무가 자라기에 더 좋은 흙인걸.'

인위쩐은 풀이 자라고 있는 곳에 나무를 심는다면 훨씬 더 많은 물기를 머금고 단단하게 뿌리내릴 수 있다는 것을 깨달았다. 인위쩐은 나무를 심기에 적당하지 않은, 늦여름부터 초가을까지는 잘 여문 풀씨를 따러 집 주변은 물론, 이 마을 저 마을을 돌아다녔다. 손가락으로 풀씨를 훑고, 손바닥으로 끌어모으기도 했다. 때로는 손톱으로 긁어야 할 때도 있었다. 인위쩐은 손이 갈라지도록 풀씨를 모았다. 그렇게 모은 풀씨 자루를 등에 지고 모래 언덕으로 향했다. 그리고 모래 속에 풀씨를 꾹꾹 눌러 심었다. 한 줌씩 쥐어 모래 속에 파묻기도 하고, 가는 풀씨는 바람에 실어 흩어 뿌리기도 했다.

그렇게 시간이 흘렀다. 아니 세월이 흘렀다. 인위쩐이 풀씨

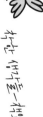

하늘 세 가지를 채 리 리 리

: 내가 심는 나무가
사막의 희망이 된다

"죽은 사막에 숲을 불어넣고,
그것을 통해 삶의 질을 바꾸는 일은 인류 모두를 위해서
결코 소홀히 할 수 없는 일입니다."

를 심고 뿌린 곳에 듬성듬성 풀싹이 돋아나기 시작했다. 정성으로 심은 풀씨가 기적이 되어 자라나고 있었던 것이다.

"와! 풀이다, 풀이 난다!"

인위쩐은 또 다른 희망을 바라보고 있었다.

나무가 자라는 사막에 사람이 모여들다

풀이 자라는 곳에 나무를 심으니 살아남는 나무가 훨씬 더 많아졌다. 열 그루를 심으면 7~8그루가 살아남았다. 그동안 인위쩐은 사막에 잘 적응하는 나무를 찾아내고, 언제 심어야 잘 사는지, 어느 곳에 심어야 조금이라도 생존율이 높아지는지 등을 차례차례 알아 갔다. 사막과 나무에 대해서 아무것도 모르던 무지렁이 인위쩐이 불과 몇 년 만에 사막을 지배하는 여인이 되어 가고 있었다.

풀잎이 자라니 가축을 더 쉽게 키울 수 있었고, 다 기른 양을 팔아서 더 많은 묘목을 구매할 수 있어서 사막에 나무 심는 속도가 점점 빨라졌다. 그리고 풀과 나무가 자라는 곳에 물기를 머금은 흙이 생겨나면서 척박한 환경에서도 잘 자라기로 유명한 옥수수, 콩이 재배될 수 있는 환경이 만들어졌다. 그뿐만이 아니었다. 재배하기 힘들다고 생각했던 감자와 오이도 자라나기 시작했다.

인위쩐이 징베이탕에 시집온 후로 힘든 작업의 시간 속에서

: 내가 심는 나무가
사막의 희망이 된다

도 어느새 아이가 셋이 생겼다. 좀 나아진 생활 환경 덕분에 멀리 떨어진 읍내에서 따로 살던 시어머니도 징베이탕에 모셔 올 수 있었다. 시어머니는 아들 바이완샹과 인위쩐의 세 아이를 돌보며 얼마 지나지 않아 자연스럽게 같은 집 식구가 되었다. 단란한 가족과 함께 행복한 나날이 계속되었다.

어떻게 소문이 나게 되었는지 어느 날은 어느 지역 언론사의 기자가 찾아와서 사막에 펼쳐진 숲을 사진 찍어 가고 인위쩐을 인터뷰했다. '10년을 훌쩍 넘는 세월을 거치는 동안 오직 혼자만의 힘으로 사막에 숲을 일군 여자'라는 내용의 신문 기사가 네이멍구뿐만 아니라 중국 전역으로 퍼져 나갔다. 얼마 지나지 않아 사막의 기적을 확인하려는 사람들이 늘어나기 시작했다. 중국의 중앙 방송국에서도 취재를 위해 찾아왔고, 미국에 본사를 둔 유수의 언론사에서도 찾아왔다. 일반인들도 방송을 시청한 후에 감동을 받고 징베이탕을 직접 방문하기도 하였다. 사람 구경조차 하기 힘들었던 징베이탕에 사람들이 모이기 시작했다.

그보다 더욱 놀라운 일이 벌어졌다. 모래바람에 맞서고, 사막화에 맞서는 사람들이 늘어나기 시작한 것이다. 사막에 나무를 심겠다고 나서는 사람들이 여기저기서 연대를 형성했다. 중국 전역에 걸쳐 생태를 보존하려는 사람이 늘어났다. 인위쩐이 징베이탕에 심은 나무가 열매를 맺고 씨를 뿌린 듯, 망설임 없이 사막으로 찾아 들어가 숲을 일구어 나가는 사람들이 점점 더 많아졌다. 나무 심는 법을 배우러 인위쩐을 찾아오는 사람도 늘어났다. 인위쩐은 자신이 한 일, 그리고 자신이 하고 있는 일이 얼마나 가치 있는 일인지 비로소 깨달았다. 그녀는 징베이탕을 찾아오는 기자에게 어눌하지만 분명하게 말한다.

"죽은 사막에 숨을 불어넣고, 그것을 통해 삶의 질을 바꾸는 일. 그것은 나의 아들딸만을 위한 일은 아닙니다. 더 멀리는 인류 모두를 위해서 결코 소홀히 할 수 없는 일입니다."

얼마나 많은 나무가 모래바람에 뽑히고, 가지가 부러졌던가. 얼마나 많은 나무가 목이 말라 죽어 갔던가. 하지만 쉽게 포기하지 않았던 인위쩐이 있었기에 징베이탕의 모래 언덕은 오늘날 푸른 숲이 되었다. 봄이면 여기저기서 새싹이 돋아나는 기적의 땅이 되었다. 모래 속에서 움트는 새싹은 기적과도 같은 생명이요, 희망이었다. 1985년부터 나무를 심기 시작한 이래로 정부의 지원 한 푼 없이 1,400만 평의 숲을 일구어 낸 인위쩐, 그녀는 죽음의 사막이었던 마오우쑤에서 이미 전설이 되었다. 하지만 인위쩐은 결코 쉬지 않는다. 오늘도 인위쩐은 나무를 심고 풀씨를 뿌린다.

작은 씨앗들-채소 뿌리기

: 내가 심는 나무가
사막의 희망이 된다

※ 모든 나무를 이 세상에 마지막 남은 한 그루의 나무처럼 아끼라는 문구가 적힌 다음의 공익 광고가 담고 있는 주제 의식과, 인위쩐의 개척 정신에 어떤 공통점이 있는지 생각해 보자.

7부

눈물을 아는 꽃잎이 되겠으며
흘러가지 않겠느냐 새가

— 도종환, 나서

자연은 정복의 대상이 아닌, 교감의 대상이다
— 라인홀트 메스너

세계 최고봉에 오르는 꿈을 키우다

1970년, 해발 고도 8,125m 낭가파르바트 정상에서 메스너 형제가 서로 얼싸안고 기쁨의 눈물을 흘렸다. 히말라야의 14개의 고봉(8,000m 이상의 고산으로 '히말라야 14좌'라 불림) 중에서도 정상을 정복하기가 가장 험난하다고 알려진 낭가파르바트를 인류 등반 역사상 두 번째로 정복한 것이다.

"드디어 어린 시절의 꿈을 이뤘어, 형!"

"그래! 그렇게 내 뒤를 졸졸졸 따라다니더니 결국은 해냈구나, 우리 둘이서 말이야!"

두 사람은 멋진 절경을 내려다보며 역경을 극복한 후 정상에 도달한 사람만이 느낄 수 있는 성취감을 한껏 맛보고 있었다. 이들이 바로 라인홀트 메스너(Reinhold Messner, 1944~)와 귄터 메스너 형제였다.

이탈리아의 작은 마을 출신인 라인홀트 메스너는 5살 때 등반가인 아버지를 따라 산에 오른 이후 산악 등반의 세계에 푹 빠져 동생 귄터와 함께 유년 시절을 오로지 산악 등반의 꿈을 키우며 살았다.

"귄터야, 저 벽을 봐. 벽돌 여기저기에 흠이 나 있지? 너 같으면 저 꼭대기까지 몇 번 만에 갈 수 있을 것 같니?"

"음… 여기를 잡고 저기를 디디고……. 난 10번이면 올라갈 수 있을 것 같아!"

"하하, 역시 바보구나. 형이 8번 만에 올라가는 걸 보여 줄게."

라인홀트는 과연 귄터가 미처 보지 못한 루트로 8번 만에 벽을 올라가는 데에 성공하였다. 귄터는 형이 지나간 루트를 그대로 따라서 올라갔다.

"또 메스너 집안의 형제들이구나! 이놈들, 벽을 타고 다니다가는 큰 사고가 난다고 했었지!"

"귄터! 도망가자. 마을 성당의 호랑이 신부님이다!"

동네를 다닐 때에도 탁 트인 길이 아닌 험한 벽을 재미 삼아 타고 다니다가 동네 어른들에게 야단맞을 정도로 메스너 형제는 등반하는 것을 좋아했다.

"이 아빠는 등반을 통해 너희에게 어려움을 극복하여 얻는

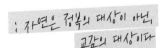

: 자연은 정복의 대상이 아닌,
교감의 대상이다

성취감과 대자연의 아름다움을 알려 주고자 한 것인데, 너희는 너무 지나치게 등반에 심취해 버렸구나. 너희는 지금 너무 위험한 일을 하고 있어. 한 번만 더 위험한 짓을 했다가는 크게 혼날 걸 각오해야 한다."

이웃들로부터 걱정 섞인 말을 전해 들은 메스너 형제의 부모는 크게 걱정하며 형제를 혼냈다. 하지만 라인홀트는 절대 자신의 생각을 굽히지 않았다.

"모르는 사람의 눈에는 위험해 보이지만 저에게는 전혀 그렇지 않아요. 자세히 살펴보면 안전하게 올라갈 수 있는 길이 저에게는 보인다고요. 아빠, 저는 나중에 낭가파르바트를 꼭 정복할 거예요. 제가 이곳저곳을 등반하는 것은 장난삼아 다니는 것이 아니라 훗날 히말라야에 오르기 위한 연습이란 말이에요."

"저도 형을 따라 함께 갈 거예요!"

어린 형제의 당찬 각오를 들은 부모는 허허 웃을 수밖에 없었다. 이때만 해도 이런 당찬 각오가 세계 산악 등반 역사상 가장 위대한 인물을 만들어 낼 줄은 꿈에도 생각하지 못하였다.

당찬 도전과 절망적인 좌절

낭가파르바트 정복의 기쁨이 잠시 후에는 절망으로 변했다. 메스너 형제가 낭가파르바트를 정복할 당시 함께했던 원정대는 악천후로 인해 더 이상 오르기를 포기했다. 하지만 메스너 형제는 포기하지 않고 정상을 등반하기로 마음을 먹었고 결국 성공한 것이다. 하지만 두 사람의 힘만으로는 모든 장비를 들고 올 수 없었기 때문에 산을 내려올 때 문제가 발생하였다.

"형, 너무 춥고 힘이 빠지고 있어. 잠깐만 쉬어 가자."

"안 돼, 귄터. 우린 담요도 없고 산소와 식량도 거의 떨어져 가고 있어. 최대한 빨리 내려가야 해."

점점 지쳐 가는 동생을 재촉하며 하산을 서둘렀지만 불행히도 그들 형제는 눈보라와 강풍으로 인해 그만 산속에서 길을 잃고 말았다.

"형, 우린 틀렸어. 벌써 몇 시간째 같은 곳을 돌고 있는 것 같아."

"조금만 더 가 보자. 분명 길을 찾을 수 있을 거야."

"난 더 이상 못 걷겠어. 탈수 증상이 너무 심하고 손가락과 발가락에 감각이 없어. 게다가 다리가 풀려서 더 이상 걸을 수가 없어."

라인홀트는 지친 동생을 더 이상 재촉할 수가 없었다.

"음…. 그럼 여기서 잠시 쉬고 있어. 형이 주변을 둘러보고 올게."

동생을 잠시 쉬게 하고 라인홀트는 하산하는 루트를 찾아 근방을 헤맸다. 얼마 뒤 다행히 라인홀트는 안전한 하산 길을 찾아낼 수 있었다. 그때였다. '쿠콰콰강' 하는 소리와 함께 동생을 두고 온 방향에서 굉음이 들렸다. 라인홀트는 눈사태가 일

하얀 세계로~도전, 남서

i 자연은 정복의 대상이 아닌,
교감의 대상이다

어날 것임을 직감했다. 불안한 마음에 급히 발걸음을 옮겼다.

"귄터! 눈사태야! 어서 피해야 해!"

라인홀트는 소리치며 황급히 발걸음을 옮겼지만 동생을 앉혀 두었던 자리에 가 보니 동생은 이미 사라지고 없었다.

"귄터!"

라인홀트는 울부짖으며 미친 듯이 주변을 돌아다녔다. 하지만 어디에서도 동생의 흔적을 찾을 수 없었다. 몇 시간을 그렇게 헤매었지만 동생을 찾을 수 없자 라인홀트는 수색을 위해 원정대의 지원이 필요하다고 판단하고 하산을 서둘렀다. 하지만 그도 이미 지칠 대로 지쳤고, 오랜 시간이 걸린 후에야 겨우 고산 지대의 한 마을에 도착할 수 있었다. 산자락에 쓰러져 있는 그를 발견한 마을 사람들의 도움을 받아 라인홀트는 그제야 만신창이가 된 몸을 응급 처치할 수 있었다.

"전 세계의 시청자 여러분! 반가운 승리의 소식과 안타까운 소식을 함께 전하게 되었습니다. 먼저 극악의 위용을 자랑하는 세계 최고의 산 낭가파르바트를 인간의 힘으로 두 번째로 정복했다는 소식입니다. 그 주인공은 바로 메스너 가문의 형제들인데요. 하지만 안타깝게도 동생인 귄터 메스너는 하산 도중 실종되었다는 소식입니다. 지금 전 세계인들은 인간의 위대한 도전에 박수를 보내면서 동시에 애도의 메시지를 보내고 있습니다."

메스너 형제의 낭가파르바트 정복은 전 세계인에게 알려졌고 라인홀트는 많은 박수와 존경을 받았다. 하지만 그 과정에서 동생을 잃고 자신은 큰 부상을 입고 겨우 목숨을 부지한, 그에게는 상처뿐인 영광이었다.

산은 정복의 대상이 아닌 교감의 대상

낭가파르바트 등정 이후 라인홀트는 등반 원정대의 등반 방식을 강하게 비판하였다. 그는 인간들이 위대한 자연을 정복의 대상으로만 바라보고 산에 각종 장비들을 박아 넣으며 많은 인원을 동원하여 정상을 정복하는 방식을 특히 거부하였다. 그래서 그는 알파인 스타일(alpine style: 지원조의 도움을 받지 않으며 고정 캠프나 고정 로프, 산소 기구를 사용하지 않고 자력으로 정상까지 등반하는 등반 방식)로 히말라야 14좌를 완등하기로 마음먹었다. 그리고 자신만의 방식으로 세계 각지의 고봉들을 차례로 공략하고 있었다.

"안 된다! 첨단 장비들을 다 사용해도 생존할 확률이 희박한 곳이 히말라야인데 무산소로 등정을 하겠다고? 게다가 낭가파르바트는 이미 정상을 등정한 곳인데 무슨 이유로 또 간단 말이냐. 혹시 아직도 그곳에 귄터가 살아 있을 거라고 생각하는 것은 아니겠지?"

"걱정 마세요, 아버지. 저는 낭가파르바트의 경험으로 많은 것을 잃었지만 얻은 것도 있어요. 충분히 준비를 하고 산에 대한 지식만 갖고 있다면 적은 장비와 무산소로도 등반이 가능하다는 것이 제 판단이에요. 진정한 등반은 장비나 많은 사람들,

: 자연은 정복의 대상이 아닌,
교감의 대상이다

산소통에 의지하는 것이 아니라 순수한 인간의 힘으로 이뤄 내는 것이라고 생각합니다. 그리고 낭가파르바트에는 귄터가 있습니다. 살아 있을 거라고 생각하지는 않지만 저는 느낄 수 있습니다. 귄터가 저를 기다리고 있다는 것을요. 귄터를 찾을 때까지 저는 몇 번이고 그곳에 갈 겁니다."

1978년, 라인홀트는 그간의 등반 경험을 통해 세계 최고봉(最高峰)인 에베레스트 등정을 계획하고 있었다. 산소 호흡기의 도움 없이 최소의 장비만으로 에베레스트에 도전하려는 그를 가족을 비롯한 가까운 지인들이 모두 말렸지만 아무도 그의 결심을 꺾을 수는 없었다.

"라인홀트는 무모한 미치광이이며 등반의 숭고함을 모독하고 있다!"

"라인홀트는 자살을 하려는 것이 틀림없다. 그는 등반 과정에서 죽음으로써 동생을 잃은 죄책감을 덜려고 하는 것뿐이다!"

세간의 사람들은 그의 무모한 도전에 대해 '미치광이', '자살 미수자' 등의 표현을 하며 맹렬히 비난하였다. 라인홀트의 몇 차례 성공은 다만 운이 좋았을 뿐이며 히말라야를 우습게 보다가 언젠가는 산에서 죽음을 맞이할 것이라고 생각했다. 라인홀트는 그러한 우려와 비난을 뒤로하고 자신만의 발걸음을 옮겼다.

홀로 에베레스트로 떠나기 전 라인홀트는 배낭을 챙기며 눈물을 흘렸다. 등반에 대한 두려움이나 죽음에 대한 공포 때문이 아니었다. 등반가에게는 숙명적으로 찾아오는 절절한 외로움 때문이었다. 하지만 그는 배낭을 메고 힘차게 산으로 떠났다. 등반 분야에서는 타고난 천재이고 자신만의 신념을 고수하는 라인홀트였지만 에베레스트 무산소 등정은 쉽지 않은 일이었다. 미끄러지고 매달리는 등 몇 번이나 죽을 고비를 아슬아슬하게 넘기면서, 수많은 좌절과 고독 속에서도 그는 전진하였다.

"으아아악!"

발을 디디자 얼음 조각이 부서지며 라인홀트의 몸 아래로 떨어졌다. 고정해 놓은 로프 덕분에 추락은 면할 수 있었지만 등골이 서늘해지며 죽음의 얼굴을 마주한 것 같은 기분이 들었다. 하지만 그러한 극한 상황에서도 그는 죽음에 대한 공포보다는 등반가로서 살아 있음을 느꼈다. 인간이라고는 찾아볼 수 없는 거대한 산자락에서 로프 하나에 매달려 차가운 바람을 얼굴에 맞으며 라인홀트는 생각에 잠겼다.

'이곳이 나의 자리이다. 지독하게 외롭지만 대자연의 품 안에서 한 명의 인간으로서 살아 있음을 느낀다. 귄터, 보고 있니? 히말라야가 내게 외치고 있다. 산을 정복하려 했던 오만함을 버리고 겸손해지라고. 겸손을 통해 우리는 자연을 배울 수 있을 것이다. 그리고 끊임없는 도전과 인내가 우리를 승리로 이끌 것이다.'

로프의 끝에서 명상을 마친 라인홀트는 다시 손을 뻗어 로프를 타고 절벽을 기어오르기 시작했다.

"겸손을 통해 우리는 자연을 배울 수 있을 것이다.
그리고 끊임없는 도전과 인내가
우리를 승리로 이끌 것이다."

"전 세계의 시청자 여러분! 한계를 극복하고 인간의 승리를 보여 준 역사적인 사건이 여기 히말라야에서 일어났습니다. 세계 최고봉 에베레스트를 드디어 순수한 인간의 힘만으로 정복하였습니다. 그 주인공은 바로 라인홀트 메스너입니다!"

에베레스트 무산소 등정을 성공한 이후 라인홀트는 세계적인 관심을 받게 되었다. 인간의 의지와 인내의 한계를 보여 준 산악인으로서 그는 전 세계인의 존경을 받게 된 것이다. 자연을 존중하는 그의 철학과 신념, 그리고 그것을 실현하려는 도전 정신과 인내심은 세상 사람들을 감동시키기에 충분하였다. 각종 매스컴과 잡지에서는 그의 에베레스트 무산소 등정 소식을 대서특필하였다.

"잘 있었느냐, 내 동생아. 너와 함께 이곳에서 저 아래를 내려다보던 일이 아직도 눈에 선한데……. 지금은 너 없이 나 혼자구나. 하지만 난 너에게 부끄럽지 않은 형이 되기 위해 열심히 달려가고 있단다."

1978년 에베레스트의 등정 이후 몇 달 뒤 라인홀트는 다시 낭가파르바트의 정상에 올랐다. 동생 귄터를 추모하기 위한 등정이었고, 원정대나 많은 장비 없이 홀로 이뤄 낸 성과였다. 그동안 라인홀트는 귄터를 찾기 위해 12번이나 이 낭가파르바트를 찾았었다.

"너를 찾을 때까지 나는 몇 번이라도 이곳에 올 것이다. 내

위안 새기를 되지, 내서

236

: 자연은 정복의 대상이 아닌,
교감의 대상이다

아우야. 항상 이 형을 지켜봐 주길 부탁한다. 편안히 잠들어 있
거라."

　라인홀트는 아쉬운 발걸음을 다시 옮겼다. 1986년 10월 16
일, 히말라야 14좌 중 하나인 로체의 정상에서 라인홀트 메스
너는 깊은 숨을 몰아쉬었다. 산 정상의 안개 속에서 비춰 오는
햇빛을 온몸으로 받으며 그는 눈물을 흘렸다. 그날 전 세계의
매스컴은 또 한 번의 인간 승리의 기적에 대해 떠들었고 사람
들은 열광하였다.

　'히말라야 14좌 세계 최초의 완등! 라인홀트 메스너의 의지
와 한계의 승리이자 인류의 승리!'

　순수한 인간의 힘만으로 자연에 도전한 라인홀트 메스너는

결국 아무도 이루지 못했던 불가능한 도전을 승리로 이끌었으며 그에게 감동한 많은 산악인들이 그의 뜻을 잇기 시작했다. 그리고 여전히 라인홀트 메스너는 새로운 자연을 향해 도전하고 있다. 라인홀트 메스너의 동생 귄터 메스너의 시신은 2005년 낭가파르바트의 디아미르 빙하 위에서 발견되었다.

※ 다음 사진은 '이것도 여자의 발이랍니다.'라고 소개된 발레리나의 발 사진이다. 이 발이 만약 나의 '발'이라면, 꿈을 이루기 위해 흉하게 변한 나의 '발'에게 고마움을 어떻게 전달할 수 있을지 생각해 보자.

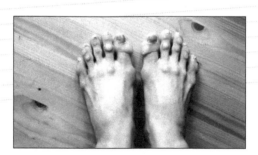

이제 달릴 수 없게 되었지만
아직 나에겐
두 팔이 남아 있다
— 아베베 비킬라

달리기를 무작정 좋아했던 소년

　여기는 아프리카 에티오피아의 고원 지대. 이곳에서 소를 치는 12살의 흑인 목동 아베베(Abebe Bikila, 1932~1973)가 석양을 배경으로 달리기를 하고 있었다.

　"아베베, 이제 그만 달리기를 멈춰! 들판의 소들을 다시 목장 안으로 들일 시간이야."

　소를 들판에 풀어 놓고 벌써 몇 시간째 고원을 달리고 있는 아베베를 향해 목장 주인이 소리쳤다. 아베베는 주인의 외침을 듣고, 이내 달리기를 멈추고 소들을 불러 모으더니 한 마리씩 몰아 목장으로 서서히 들어섰다. 그런 아베베를 보고 주인이 한마디 했다.

"아베베, 너는 달리는 게 그렇게도 좋니? 밤낮 달리기를 하는 특별한 목적이라도 있는 거니?"

"아닙니다. 달리는 것이 그저 좋습니다. 저는 그저 달릴 뿐입니다."

그렇게 무작정 달리기를 좋아하던 아베베가 꿈을 가지게 된 것은, 길거리에서 우연히 퍼레이드를 지켜보고 나서부터이다. 바로 올림픽에 출전했던 국가 대표 선수들이 국민들의 환영을 받으며 귀국 퍼레이드를 벌이고 있었던 것이다. 꽃다발을 손에 들고 국민들에게 화답하는 선수들의 모습이 어린 아베베의 눈에도 멋있어 보였다.

'나도 훌륭한 운동선수가 되어서 저렇게 많은 사람들의 환영을 받는 멋진 선수가 되어야겠다.'

아베베는 이런 다짐을 하며 퍼레이드가 다 끝나자 집을 향해 또 힘껏 달리기 시작했다. 이렇게 어려서부터 유독 달리기를 좋아하던 아베베는 운동선수가 될 기회를 좀처럼 만나지 못한 채 어른이 되었다. 그는 성인이 되자마자, 가난한 가족의 생계를 책임지기 위해 군인이 되기로 결심한다. 아베베가 에티오피아 황제의 근위대 소속 육군이 되었을 때 그는 겨우 약관의 나이 20살이었다. 체격과 체력이 뛰어난 사람들이 모이기로 유명한 근위대 소속의 군인들 중에서도 아베베는 눈에 띄게 잘 뛰는 달리기 선수로 이름을 날릴 수 있었다. 근위대 육상 대회에서는 장거리 육상 부문 우승을 차지하며 육상 선수로서의 꿈

하라 쉬거를-도전, '나'

240

: 이제 달릴 수 없게 되었지만
아직 내게건 두 팔이 남아 있다

을 이어 나갔다.

맨발로 뛰고, 아픈 배를 움켜쥐고 뛰다

그러던 어느 날 뜻밖의 기회가 찾아왔다.

"아베베, 이번에 이탈리아에서 올림픽 열리는 것 알지?"

선임병이 아베베에게 다가와 물었다.

"그럼요, 당연히 알고 있죠. 다음 주에 개막하잖아요."

"마라톤 국가 대표 선수가 갑자기 부상을 당해서 대체 선수를 구하고 있대."

"아, 그래요?"

"우리 근위대에도 훌륭한 선수가 있으면 추천해 달라고 연락이 왔어."

이 말을 들은 아베베는 설레었다. 그는 근위대에서 손꼽히는 장거리 육상 선수가 아니던가. 아니나 다를까, 며칠 후 그는 마라톤 국가 대표 선수로 전격 발탁되는 기쁨을 맛보게 되었다. 아베베는 뛸 듯이 기뻤다. 어려서부터 마음에 품었던 꿈이 이루어지는 순간이었다. 원래 대표 선수였던 '와미 비라투'라는 선수가 마무리 훈련 중에 큰 부상을 당하는 바람에 아베베가 대체 선수로 뽑힌 것이다. 아베베는 즉시 올림픽에 출전할 차비를 서둘러야 했다. 그런데 그에게는 마라톤 전용 운동화가 없었다.

"와미 비라투 선수가 신던 운동화라도 주세요."

아베베의 요청에 긴급히 공수된 와미 비라투의 운동화는, 안타깝게도 아베베의 발에 맞지 않았다. 운동화를 협찬하는 제조사에 연락해 보았으나 올림픽 출전 전까지 새 운동화가 마련될 수 없다는 통보를 받았다. 그러나 아베베는 포기하지 않기로 하였다. 마땅한 운동화를 구하지 못하였으나 더 이상 지체할 틈도 없이 1960년 올림픽이 열리는 이탈리아 로마로 떠나야 했다.

"운동화가 없어도 나에게는 어려서부터 단련된, 이 튼튼한 발과 다리가 있다. 나는 나의 발과 다리를 믿는다. 맨발로 뛰겠어."

결국 아베베는 42.195km의 뜨거운 아스팔트 위를 맨발로 완주했다. 그는 맨발로 마라톤을 완주했을 뿐 아니라 좀처럼 깨질 것 같지 않던 마라톤 기록, 2시간 20분의 벽을 가볍게 경신하는 기염을 토했다. 2시간 15분 16.2초라는 세계 신기록을 세우며 당당히 결승선을 넘었던 것이다. 그는 '맨발의 마라토너'라는 별명을 얻으며 금메달을 목에 걸고 일약 세계적인 스타가 되었다.

그 이후로 아베베는 승승장구하여 출전하는 마라톤 대회마다 우승을 하였다. 어느덧 시간이 흘러 4년 후 1964년 도쿄 올림픽에 또다시 출전할 수 있게 되었다. 올림픽 개막을 불과 6주 남겨 두고 막바지 훈련을 하고 있을 때였다. 아베베는 갑작스러운 복통에 급히 병원으로 실려 갔는데 안타깝게도 급성 충수

한운 새가슴—도전 이노세

이제 달릴 수 없게 되었지만
아직 내게건 두 팔이 남아 있다

염이라는 진단을 받았다.

"의사 선생님, 올림픽에 반드시 출전해야 합니다. 치료를 그 이후로 미룰 순 없겠습니까?"

"상태가 심각합니다. 지금 당장 수술하지 않으면 목숨이 위태롭습니다."

아베베는 어쩔 수 없이 수술을 받아야 했다.

"이번 올림픽은 포기하고 치료에만 신경 쓰자."

의료진은 물론, 가족들도, 동료들도, 코치도 모두 아베베를 걱정하며 출전을 만류했다. 그러나 아베베의 의지는 단호했다.

"아직 5주 이상의 시간이 남아 있어. 뛸 수만 있다면 꼭 나가고 싶어. 설령 금메달을 따지 못한다 하더라도 올림픽에 출전하는 것 자체가 영광이야. 포기할 수는 없어."

모든 사람의 걱정을 뒤로한 채, 장거리 육상 선수에게 치명적일 수 있는 외과 수술을 받고서도, 얼마 지나지 않아 출전한 올림픽. 마라톤 레이스에서 그는 미처 회복되지 못한 배를 부여잡고 혼신의 힘을 다해 뛰었다.

놀랍게도 그가 결승선을 통과한 기록은 2시간 12분 11초였다. 4년 전과 마찬가지로 제일 먼저 결승선을 통과했으며 또다시 세계 신기록을 세운 것이다. 메인스타디움을 꽉 채운 관중이 모두 일어나 인간 승리의 아베베에게 뜨거운 박수를 보냈다. 아베베 비킬라, 그는 역사상 올림픽 마라톤을 2연패하는 세계 최초의 선수가 되었다.

다리가 부러져도, 다리가 없어도

또다시 4년이 흘러 1968년 멕시코 올림픽을 앞둔 시점. 불행하게도 아베베는 회복할 수 없는 심각한 다리 골절상을 입었다. 부상 사실을 알게 된 사람들은 올림픽의 영웅 아베베가 올림픽에 참가할 수 없게 된 것을 슬퍼했다. 아베베가 덤덤하게 입을 열었다.

"저는 부상으로 이제 마라톤 풀코스를 완주할 수는 없습니

하찮은 생각들—도전, "새벽"

244

: 이제 달릴 수 없게 되었지만
아직 나에겐 두 팔이 남아 있다

다. 그렇지만 다른 에티오피아 선수가 우승할 수 있도록 '페이스메이커'가 되어 달릴 수는 있습니다. 올림픽에서 달릴 수만 있다면 기꺼이 페이스메이커가 되겠습니다."

아베베는 실제로 올림픽 마라톤에 출전하여 17km까지 있는 힘껏 달리다가 중도에 레이스를 중단함으로써 페이스메이커로서의 역할을 완수하였다. 아베베의 부상 사실을 몰랐던 사람들은 그가 중도에 탈락하자 깜짝 놀랐지만, 아베베 자신은 흐뭇하게 미소를 지었다.

"됐다. 작전대로 됐다. 내 임무는 여기까지이다. 더 이상 바랄 게 없어."

페이스메이커를 따라서 오버페이스를 했던 경쟁 선수들을 모두 따돌리고, 에티오피아의 '마모 월데'라는 선수가 금메달을 목에 걸게 되었다. 마모 월데의 우승은 올림픽 영웅의 헌신적인 도움이 있었기에 가능했던 것이다. 외신은 나중에 이 모든 사실을 알고 아베베의 희생정신과 도전 정신에 감동하며 격찬을 아끼지 않았다.

한편 아베베의 마지막 시련이자 최대의 시련은 1969년 3월에 찾아왔다. 그가 타고 가던 자동차가 불의의 사고로 전복이 된 것이다. 그는 이 사고로 목과 척추에 심각한 손상을 입었다. 결국 하반신이 마비되어 평생 휠체어 신세를 지게 되었고, 그의 마라톤 인생도 종지부를 찍었다. 하지만 그의 가슴에는 믿을 수 없을 만큼 강한 긍정의 에너지가 흐르고 있었다. 그는 휠체어를 타며 재활에 매진하는 동안 입버릇처럼 늘 되뇌었다.

"이제 내 발로 달릴 수는 없지만, 나에게는 아직 튼튼한 두 팔이 있다."

아베베가 이 말을 왜 그토록 되뇌었는지 확인하는 데는 1년도 채 걸리지 않았다. 1970년 노르웨이에서 열린 장애인 올림픽 양궁 경기장에 휠체어를 힘차게 밀고 들어서는 선수가 있었는데 바로 아베베 비킬라였다. 이날의 아베베의 등장만큼 감동적이고 극적인 스포츠 장면이 또 있을 수 있을까. 아베베는 재활 기간 1년 동안 자신이 말한 '튼튼한 두 팔'로 양궁을 연마하여 양궁 국가 대표 선수가 되어 대회에 출전한 것이다.

"나는 마라토너여서 늘 다리만 혹사시켰어. 그동안 사용하지 않아서 멀쩡하고 싱싱한 두 팔을 이제는 쓸 때가 되었어."

아베베는 하반신 마비에도 불구하고 낙담하지도, 포기하지도 않았다. 올림픽 출전을 향한 그의 꿈은 유년 시절 이래로 한 번도 퇴색한 적이 없다. 아베베는 이 대회에서마저도 양궁 종목에서 금메달을 획득하여 스포츠 영웅을 넘어서는, 또 다른 의미의 영웅이 되었다. 그는 이후에도 눈썰매 크로스컨트리 부

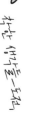

하얀 쉬기를~됐죠, 님 ㅓ

: 이제 달릴 수 없게 되었지만 아직 나에겐 두 팔이 남아 있다

문, 그리고 탁구 종목에서도 우승을 차지하였다. '아베베'라는 말은 에티오피아 원주민 말로 '피어나는 꽃'이라는 뜻을 가졌다고 한다. 그는, 자신의 부족함이, 그리고 신체의 장애가 결코 무엇을 포기하는 이유가 될 수 없다는 것을 온 인류에게 보여 줌으로써 '인간 승리'의 영웅으로 역사 속에 영원히 꽃피어 남게 되었다.

※ 다음 두 만화 속에 담긴 의미를 참고하여, '도전'과 '인내'에 대한 명언이나 격언을 만들어 보자.

Story 21

나는 단지 학교에서
공부를 하고 싶을 뿐입니다
— 말랄라 유사프자이

학교가 그저 좋았던 아이

"엄마, 아빠! 학교 다녀오겠습니다."

현관을 나서는 말랄라(Malala Yousafzai, 1997~)의 목소리는 늘 우렁차다. 그리고 학교로 향하는 발걸음은 하늘을 날듯이 가볍다. 열 살 남짓한 어린 소녀 말랄라는 학교에 다니는 것이 그렇게 즐거울 수가 없다. 말랄라가 태어난 파키스탄이 전통적으로 남성 위주의 사회이어서 여자아이에게 교육을 잘 시키지 않음을 고려하면, 말랄라가 아주 어린 아이였을 때도 선생님 흉내를 내고, 빈 교실에 들어가 장난을 쳤을 정도로 학교를 좋아했던 것은 매우 이례적인 일이었다. 아마도 아버지의 영향을 많

248

이 받았을 것이다. 말랄라의 아버지는 말랄라가 태어나기 전에 이미 전 재산을 털어서 학교를 설립한 교육자였다.

학교에 남자아이들에 비해 여자아이의 수가 적은 것을 의아해하던 말랄라가 어느 날 아버지에게 물었다.

"아빠, 학교에 남자아이들은 많은데 여자아이들은 왜 이렇게 적은 거죠? 여자라고 해서 학교를 다니지 말라는 법은 없잖아요. 여자로 태어났다는 이유만으로 푸대접을 받는 것은 아니겠죠?"

말랄라의 격앙된 목소리를 달래듯 아버지가 말했다.

"탈레반이 장악하고 있는 이웃 나라에서는 여자들이 더 힘든 삶을 살고 있단다. 여학교는 다 불탔고, 부르카를 입어 온몸을 가리고 눈만 내놓고 다녀야만 하지. 그뿐인 줄 아니. 남자 없이 혼자 길거리를 다니면 매를 맞기도 한단다."

말랄라는 탈레반의 존재에 대해 난생처음 듣고 자기도 모르게 몸을 떨었다

"세상에! 그런 곳에 사는 여자들은 얼마나 힘들까요? 평화로운 파키스탄에 태어난 것이 정말 다행이에요."

말랄라에게 드리운 어두운 기운

그러나 말랄라의 행복이 계속되지는 못했다. 이웃 나라의 사정인 줄로만 알았던 일들이 말랄라에게도 현실이 되어 서서

히 다가오고 있었다. 2005년부터 파키스탄에 탈레반의 불법 라디오 방송이 시작되더니, 2007년에는 탈레반이 파키스탄에서 무장 활동을 시작하였다. 급기야 파키스탄 정부군과의 무력 충돌 끝에 2009년에는 탈레반이 말랄라가 태어나서 살고 있던 스와트 지역을 완전히 장악하게 되었다.

탈레반은 정치·종교적으로 극단적 보수주의를 지향하는 무장 세력으로, 이슬람 율법을 근거로 들며 여성들의 사회 활동을 철저히 금지하였다. 그들이 이렇게 행동하는 데는 이슬람 세계가 급속히 서구화되는 것에 대한 거부감 혹은 저항심이 자리하고 있었다. 그들은 이슬람의 율법에 명시된 대로, 여성들에게 온몸을 가리는 부르카라는 옷을 착용하도록 강제하였고, 남자 없이 혼자서 집 밖을 출입하는 것도 엄격히 금지하였다. 이를 어길 시에는 길거리에서 가차 없이 매를 맞는 태형이 집행되기도 하는 등 여성의 자유가 극도로 억압받았다. 심지어 직장을 가진 여성들이 강제로 해직되는 경우도 흔했다.

상황이 이렇다 보니 탈레반이 장악한 스와트의 길거리에 여자들이 자취를 감추기 시작했다. 심지어 거리의 상점 곳곳에 '여성 출입 금지'라는 현수막도 나붙었다. 탈레반이 내보내는 라디오 방송에서는 학교에 다니는 여학생은 나중에 지옥에 떨어질 것이라는 비난이 쏟아져 나왔고, 심지어 영화와 텔레비전 보는 일이 죄악이라며 탈레반 무리가 집집마다 무단으로 침입하여 DVD와 텔레비전을 빼앗아 가기도 하였다.

탈레반이 여성들의 인권을 짓밟는 행위를 일삼았지만 그들

나는 단지 학교에서 공부를 하고 싶을 뿐입니다

에 반기를 드는 자는 곧 처형의 대상이 되었기 때문에 그 누구도 섣불리 이들의 행동에 저항하지 못하였다. 말랄라는 그런 모습들을 목격하며 분개하였다. 어린 말랄라의 상식으로 납득되지 않는 일이 한둘이 아니었다.

"어떻게 이런 일이 일어날 수 있지? 누가 그들을 방치하는 것이지? 왜 아무도 그들에게 맞서려 하지 않지?"

그들은 여학생이 다니는 학교에도 테러와 협박을 일삼았다. 천만다행으로 말랄라가 다니는 쿠샬 학교는 정상적으로 운영되고 있었으나, 탈레반의 협박에 몇몇 친구들은 학교를 그만두기도 했다. 그렇지만 그럴수록 말랄라는 학교에 다니는 일을 소중히 여겼다. 이렇게 굳건하던 말랄라도 아버지가 운영하는 학교 교문에 탈레반이 붙여 놓은 경고문을 보고서는 마음이 심하게 흔들렸다.

'이 학교에서 여자들을 가르치고, 이슬람답지 못한 교복을 입히고 있는데 이것은 매우 서구적이어서 불경스러운 일이다. 이를 즉시 중단하지 않으면 당신 때문에 아이들이 피눈물을 흘리게 될 것이다.'

교문에 붙은 이 경고문은 말랄라의 아버지를 향한 최후통첩이었다. 말랄라는 일말의 두려움을 느꼈지만 불현듯 눈빛을 바꾸며 되뇌었다.

'내가 무슨 잘못을 했다고 두려워하는 거지? 내가 원하는 것이라고는 그저 학교에 다니는 것뿐인데 그건 잘못이 아니라 내 권리라고!'

251

말랄라는 탈레반에 대한 두려움보다도 배움의 열망이 더 크다는 것을 느꼈다. 하지만 다른 학생들은 달랐다. 탈레반의 보복을 두려워한 나머지 하나둘씩 아이들이 학교에 나오지 않았다. 등교하는 학생이 날마다 줄어들었다. 학부모들도 아이들의 안전을 위해 등교를 막았기 때문이다. 탈레반의 협박은 협박에 그치지 않았다. 실제로 2008년 한 해만 200개가 넘는 학교가 테러로 폭파되었다. 말랄라는 자신이 다니는 쿠샬 학교가 밤새 폭파되지는 않을지 날마다 걱정하고 두려워했다. 마치 자신이 탈레반에 굴복한 것만 같은 느낌에 좌절하기도 했다. 그럴 때 말랄라는 신을 향해 기도했다.

'학교에 갈 수 있는 얼마 남지 않은 것 같아요. 남은 하루하루를 소중하게 여기게 해 주시고, 오랫동안 학교에 다닐 수 있도록 용기를 주세요.'

말할 수 있는 기회

신이 말랄라의 기도에 응답을 했는지, 말랄라에게 뜻밖의 기회가 찾아왔다. 영국의 유명한 방송국인 BBC에서 탈레반 치하에서의 일상을 글로 써 줄 사람을 구한다는 소식이 들려온 것이다. 더욱이 탈레반의 보복을 두려워하는 사람들이 누구 하나 선뜻 글을 쓰겠다고 나서고 있지 못하다고도 하였다.

"방송국에서 겨우 열한 살에 지나지 않는 내 글도 받아 줄까

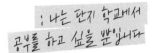

요? 제가 글을 써 보고 싶어요."

말랄라가 용기를 내어 묻자, 말랄라의 엄마는 한 치의 망설임 없이 용기를 북돋는 말로 답하였다.

"글을 써 보렴. 네가 하려는 일이 선하기 때문에 신이 너를 보호해 주실 게다."

드디어 2009년 1월에 '나는 두렵다'라는 제목으로 말랄라의 일기가 BBC 블로그에 처음으로 게재되었다. 비행기 소리와 총소리 속에서 공부를 하고 있고, 밤에도 두려움에 떨고 있으며 매일 아침 학교에 갈 때마다 탈레반이 뒤를 따라오는 것 같아 조마조마한 생활을 하고 있다고 솔직하고 생생하게 써 내려갔다. 이렇게 시작한 일기는 조금씩 쌓여 가면서 탈레반 치하에서 여성의 삶이 얼마나 억압받고 고통스러운지 전 세계로 고발하는 계기가 되었고, 특히 여성의 교육 문제에 대해 많은 사회적 고민을 불러일으켰다. 얼마 지나지 않아 블로그에 게재된 말랄라의 일기는 〈뉴욕타임스〉에서 다큐멘터리로 제작되어 더 넓은 세상으로 퍼져 나갔다. 말랄라가 처한 상황이 점점 많은 사람들에게 알려졌다.

그러자 파키스탄의 지역 방송국을 중심으로 인터뷰 요청이 쇄도했다. 말랄라는 그 모든 요청에 거의 응했다. 방송에 나오는 그녀의 표정은 늘 진지하고 비장하였다. 도저히 열한 살이라고 믿어지지 않을 만큼 자신감이 넘쳤다.

"나는 어느 누구도 두렵지 않습니다. 어떤 일이 있더라도 내가 배우고 싶은 것을 배울 것입니다. 설사 땅바닥에 앉아서 배워야 한다고 하더라도 배울 수만 있다면 기꺼이 그렇게 할 것입니다."

말랄라를 잘 아는 친구들과 이웃이 장한 일을 한다며 그녀를 칭찬하기도 하였지만 혹자는 텔레비전을 통해 자꾸 얼굴이 노출되는 그녀를 걱정하며 이렇게 말하기도 하였다.

"방송 출연을 좀 줄이거나 최소한 방송에 출연할 때는 얼굴을 가렸으면 좋겠어. 탈레반이 너에게 해코지할까 두려워."

주변의 우려에 말랄라는 확신에 찬 목소리로 응수했다.

"난 숨길 게 없고 잘못한 일도 없어. 여성의 교육받을 권리를 위해 내 목소리를 내는 것이 자랑스러워. 나는 나를 감추지 않을 것이고 절대 숨지 않을 거야."

그렇게 몇 년이 흘렀을까. 그날도 아버지와 함께 한 방송국에서 인터뷰를 하기 위해 대기실에 자리하고 있을 때였다. 아버지의 표정이 여느 날과 달리 어두워 보였다. 눈치가 빠른 말랄라가 물었다.

"아빠, 무슨 일이에요? 저에게 안 좋은 일이 생긴 건가요?"

"아, 아니란다. 별일 아니란다."

아버지의 얼굴에 당황한 기색이 역력했다. 하지만 깊은 한숨을 몰아쉰 아버지가 이내 말랄라에게 컴퓨터 화면을 들이밀며 인터넷 검색 결과를 보여 주었다. 탈레반이 인터넷에 올린 글이었다.

'말랄라 유사프자이는 죽어야 마땅하다.'

말랄라를 죽이겠다는 탈레반의 공개 협박이었다. 말랄라가

254

나는 단지 학교에서
공부를 하고 싶을 뿐입니다

탈레반의 테러 목표가 된 것이었다. 아버지의 눈에 눈물이 그렁그렁 맺혔다. 하지만 말랄라는 오히려 아버지를 안심시키려는 듯 이렇게 말했다.

"아버지 어차피 사람은 누구나 한 번은 죽잖아요. 죽지 않는 사람은 없어요."

말랄라가 말을 마치자마자 아버지는 말랄라를 꼭 껴안았다. 아버지의 품에 안긴 말랄라가 볼 수 없었던 아버지의 얼굴은 고통으로 일그러져 있었다.

탈레반의 노골적인 테러 위협에도 굴하지 않았던 말랄라는 이후로도 수많은 언론과 방송을 통해 여성의 교육권 회복을 주장하였는데 마침내 세계 굴지의 방송사 CNN과 인터뷰를 하기까지 이른다. 말랄라의 목소리는 CNN을 타고 세상 밖으로 널리 널리 퍼져 나갔다.

"나는 내가 하고 싶은 말을 하고, 내가 배우고 싶은 것을 배우고, 내가 사고 싶은 것을 사러 시장에 갈 권리도 있습니다. 파키스탄에 학교가 더 많이 생겼으면 좋겠어요. 더 많은 국민들이 교육을 받아 똑똑해지면 탈레반도 더 이상 우리를 괴롭히지 못하게 될 것입니다."

테러, 그리고 기적

2012년의 어느 날, 말랄라는 평소와 마찬가지로 학교가 끝나자 집으로 돌아오는 스쿨버스에 몸을 싣고 친구들과 수다를 떨고 있었다. 그런데 버스가 갑자기 속도를 줄였다.

"이 버스가 쿠샬 학교의 스쿨버스입니까?"

차창 밖에서 젊은 남자가 운전사에게 물었다. 운전사는 그렇다고 대답했다. 그러더니 어찌 된 일인지 이내 버스 출입문이 열렸다. 젊은 남자 두 사람이 버스에 올랐다. 누가 막을 틈도 없이 그들은 말랄라가 앉아 있던 버스의 뒤쪽으로 성큼성큼 걸어갔다.

"말랄라가 누구냐?"

스쿨버스 안에 있던 그 누구도 대답을 하지 않았다. 곧이어 탕, 탕, 탕 세 발의 총성이 버스 안에 울려 퍼졌다. 세 발 모두 말랄라의 머리를 관통했다. 탈레반이 이미 경고했던 대로 테러를 자행했던 것이다. 말랄라는 급히 병원으로 옮겨졌다. 그리고 비행기에 실려 파키스탄을 떠나 영국의 대형 병원으로 후송되었다. 탈레반의 테러로 삶과 죽음의 경계를 헤매고 있는 말랄라의 사연이 인터넷과 방송을 통해 빠르게 세상에 알려졌다. 그녀는 기적적으로 살아났고 탈레반을 저지해야 한다는 여론이 전 세계에 들끓었다.

말랄라는 기적적으로 회생한 이후에도 한 치의 물러섬이 없었다. 대중 앞에서 서서 여전히 자신이 하고 싶은 말을 했다. 안면 신경 수술을 여러 차례 받았지만 여전히 온전치 못한 몸이었다. 완전하게 눈을 깜박일 수도 없고, 말을 할 때는 왼쪽 얼굴 근육이 말을 잘 듣지 않는다. 그래도 그녀는 주저앉지 않았다.

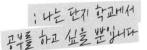

나는 단지 학교에서 공부를 하고 싶을 뿐입니다

기적의 삶을 이어 간 열여섯 살의 말랄라는 2013년 7월 12일, 유엔에서 여성과 어린이의 인권과 교육받을 권리에 대해 연설하였고, 명언을 남긴다.

"문맹과 가난, 테러리즘에 맞서 싸웁시다. 하지만 이 싸움에 필요한 것은 책과 펜입니다. 이것이 우리의 가장 강력한 무기입니다. 한 아이, 한 선생님, 한 권의 책, 하나의 펜이 세계를 바꿀 수 있습니다. 교육이 유일한 해결책이며 교육이 그 무엇보다 우선입니다."

유엔은 말랄라가 감동적인 연설을 남긴 7월 12일을 '말랄라의 날'로 정하였으며, 2014년 17살의 나이에 말랄라 유사프자이는 최연소 노벨 평화상 수상자가 되었다.

생각
연습

※ 다음 사진과 사이트(www.sc.or.kr/
school.me)를 참고로 하여 '스쿨미 캠페인'이
무엇인지 구체적으로 알아보자. 또 교육의 기회를
박탈당하는 아이들이 생기는 여러 가지 이유에
대해서 생각해 보자.

■ 참고 자료

『검은 고독 흰 고독』, 라인홀트 메스너 지음, 김영도 옮김, 필로소픽, 2013

『나는 말랄라』, 말랄라 유사프자이·크리스티나 램 지음, 박찬원 옮김, 문학동네, 2014

『비밀엽서』, 프랭크 워렌 지음, 신현림 옮김, 크리에디트, 2008

『성경이 만든 사람』, 전광 지음, 생명의말씀사, 2005

『존 로빈스의 인생혁명』, 존 로빈스 지음, 김은령 옮김, 시공사, 2011

『Who? 라이너스 폴링』, 다인 지음, 다산어린이, 2013

『간송 전형필』, 박용희 지음, 북스힐, 2015

『사막에 숲이 있다』, 이미애 지음, 서해문집, 2006

『생각대로 살지 않으면 사는 대로 생각하게 된다』, 은지성 지음, 황소북스, 2015

『임종국, 친일의 역사는 기록되어야 한다』, 정지아 지음, 여우고개, 2008

『타타그룹의 신뢰경영』, 김종식 지음, 랜덤하우스코리아, 2011

『히말라야 도서관』, 존 우드 지음, 이명혜 옮김, 세종서적, 2008

〈신비한 TV 서프라이즈〉 '검은 나이팅게일' 편, MBC

〈신비한 TV 서프라이즈〉 '노인을 위한 세상' 편, MBC

〈신비한 TV 서프라이즈〉 '마이 해피니스' 편, MBC

〈신비한 TV 서프라이즈〉 '전쟁을 멈춘 사나이' 편, MBC

〈역사 스페셜〉 '일본의 쉰들러 후세 다츠지' 편, KBS

〈운명의 산 낭가파르밧〉 조셉 빌스마이어 감독, 2013

〈지식채널e〉 '국민의 집' 편, EBS

〈지식채널e〉 '나는 다만 달릴 뿐이다' 편, EBS

〈지식채널e〉 '메리 시콜의 초상화' 편, EBS

〈지식채널e〉 '할머니와 냉장고' 편, EBS

〈템플 그랜딘〉, 믹 잭슨 감독, 2010

블로그 http://blog.naver.com/kingkenny7

블로그 http://blog.naver.com/zado2012

블로그 http://slowalk.tistory.com

유한양행 홈페이지 http://www.yuhan.co.kr

■ 사진 제공

간송미술문화재단(201쪽), 리더스북(74쪽), 세이브더칠드런(258쪽), 이근성(129쪽), 유한양행(183쪽), 한국방송광고진흥공사(46쪽, 58쪽, 131쪽, 144쪽, 166쪽), Baidu百科(219쪽), chemeducator.org(102쪽), Crisis Relief Singapore(186쪽), fastmotoring.com(193쪽), fineartamerica.com(153쪽), goaldentimes.org(89쪽), metropolismag.com(44쪽), profiles.nlm.nih.gov(95쪽), reinhold-messner.de(235쪽, 237쪽), roomtoread.org(33쪽), Shenyang Center For Psychological Research(80쪽), Spot JWT(25쪽), Wikimedia Commons/Jeblad(257쪽)

교과서에 나오지 않는 착한 생각들

초판 1쇄 펴낸날	2016년 3월 15일
초판 7쇄 펴낸날	2024년 8월 28일
지은이	공규택 김승원
펴낸이	홍지연
편집	홍소연 이태화 김선아 김영은 차소영 서경민
디자인&아트디렉팅	정은경
디자인	이정화 박태연 박해연 정든해
마케팅	강점원 최은 신종연 김가영 김동휘
경영지원	정상희 여주현
펴낸곳	㈜우리학교
출판등록	제313-2009-26호(2009년 1월 5일)
제조국	대한민국
주소	04029 서울시 마포구 동교로12안길 8
전화	02-6012-6094
팩스	02-6012-6092
홈페이지	www.woorischool.co.kr
이메일	wooorischool@naver.com

ⓒ공규택, 김승원, 2016
ISBN 979-11-87050-05-6 43990